3 7 DIFFÉRENCES ILLUSTRANT L'IDÉE QU'APRÈS L'EFFORT IL Y A LE RÉCONFORT SE SONT GLISSÉES ENTRE LES DESSINS A ET B !

4 TROUVEZ L'OMBRE QUI CORRESPOND À CET ÉTUDIANT MODÈLE. NE VOUS LAISSEZ PAS TROUBLER PAR VOTRE PROPRE EXPÉRIENCE.

le Guide de
L'ÉTUDIANT

SCÉNARIO : JACK DOMON
DESSIN ET COULEURS : OHAZAR
COUVERTURE : FABIO LAI

VENTS D'OUEST

Pour tout savoir sur *Les Guides en BD*, rendez-vous sur http://www.ventsdouest.com/guides/

Couvent Sainte-Cécile
37 rue Servan - 38000 Grenoble

www.ventsdouest.com

Dépôt légal : avril 2015
ISBN : 978-2-7493-0774-9 / 001
Achevé d'imprimer en France en avril 2015 par Pollina, L24792,
sur papier provenant de forêts gérées de manière durable.

Certifié PEFC
Ce produit est issu de forêts gérées durablement et de sources contrôlées.
PEFC™
10-31-2065
pefc-france.org

À QUI S'ADRESSE CE GUIDE ?

QUE TU SOIS JEUNE, VIEUX, NOIR, BLANC, BLEU, GRAND, PETIT OU GRAS...
SI TU ES ÉTUDIANT, SANS DISCRIMINATION CE GUIDE TE CONCERNE !

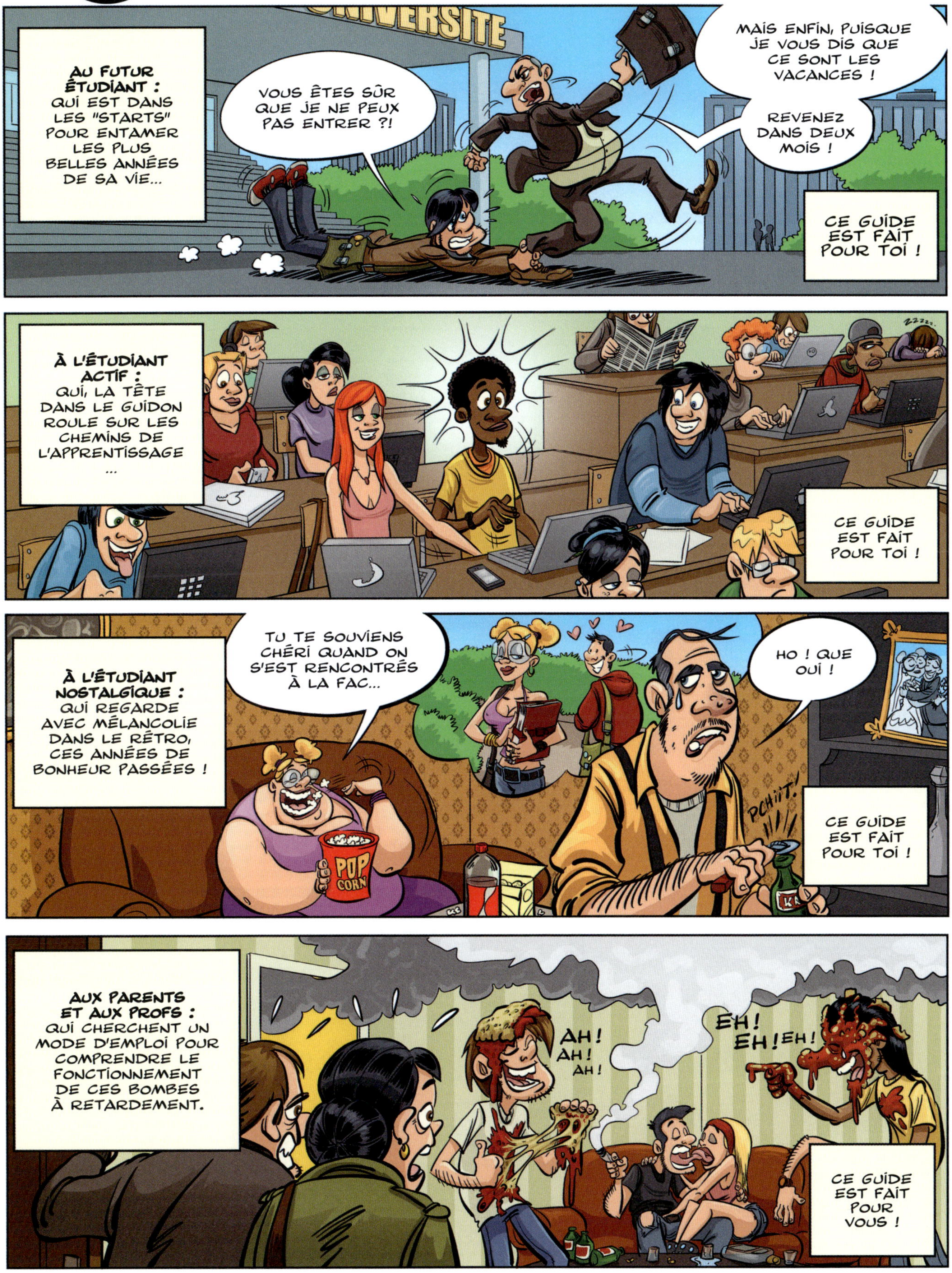

QU'EST-CE QU'UN ÉTUDIANT ?
EN FRANCE, IL EST DÉFINI PAR CELUI QUI FAIT DES ÉTUDES SUPÉRIEURES... EN QUELQUE SORTE, LA FUTURE ÉLITE DE LA NATION !
TOUT JUSTE SORTI DU BAC...
J'AI MON BAC, J'AI MON BAC, J'AI MON BAAAC !
J'M'EN FOUS ! J'M'EN FOUS ! J'M'EN FOUS !
IL ENTRE À PEINE DANS L'ÂGE ADULTE...
AYÉ... J'AI MA CARTE BLEUE ! ALORS, TOU... TOU... TOUUUURNÉE GÉNÉRAAAAALE !
SAUF POUR CERTAINS.
ÉTUDIANT SURDOUÉ.
ÉTUDIANT SUR LE RETOUR.
DONC, QUI DIT ADULTE DIT EN PRINCIPE RESPONSABLE.
CHLOÉ, ÇA SENT BIZARRE !
J'ESPÈRE QUE T'AS PAS MIS DE MÉTAL DANS LE MICRO-ONDES ?
?!
... MAIS PAS À 100%
IL EST JEUNE, FOUGUEUX ET PASSIONNÉ...
MAIS NE PERDONS JAMAIS DE VUE QUE SA FONCTION PREMIÈRE EST D'ÉTUDIER !
VOUS L'AUREZ COMPRIS, L'ÉTUDIANT EST UN ÊTRE COMPLEXE ET PARADOXAL COINCÉ ENTRE DEUX ÉTATS : L'INSOUCIANCE ET LA MATURITÉ.

À QUOI LE RECONNAÎT-ON ?
L'ÉTUDIANT A CERTAINS CODES ET COMPORTEMENTS QUI PERMETTENT DE L'IDENTIFIER.
EN TOUTE LOGIQUE, IL SE DÉPLACE AVEC UN SAC PLUTÔT TENDANCE, REMPLI DE SES OUTILS DE TRAVAIL...
ÉTUDIANTS
PAS ÉTUDIANT
PAS ÉTUDIANT
ÉTUDIANT
PAS ÉTUDIANT
IL SEMBLE SOUVENT TRÈS FATIGUÉ LE MATIN.
RZZZZ !
ET BEAUCOUP PLUS ÉVEILLÉ LE SOIR.
PO POPO PO POPO POOOO !!!
ON LE RECONNAÎT À SON ALIMENTATION ÉQUILIBRÉE...
AINSI QU'À SES TENUES TOUJOURS À PROPOS.
OUI, L'ÉTUDIANT N'A JAMAIS FROID !
IL EST CURIEUX DE TOUT, COMME POUSSÉ PAR LE BESOIN D'EN SAVOIR TOUJOURS PLUS.
ET M'SIEUR, C'EST VRAI QUE SI ON MET UN MENTOS DANS UNE BOUTEILLE DE COCA, ÇA EXPLOSE ?
OUAIS ! OUAIS !
DITES ! DITES ! ALORS ?
EN SOMME, C'EST UNE SORTE DE SUPER-HÉROS DOPÉ À LA MODERNITÉ !
PCHIIIT !!!
ET TAILLÉ POUR LES ÉTUDES SUPÉRIEURES.

POURQUOI DEVENIR ÉTUDIANT ?
IL Y A TELLEMENT DE BONNES RAISONS... EN VOICI QUELQUES-UNES.
POUR FAIRE PLAISIR À SES PARENTS...
PAPA MAMAN ! J'AI ÉTÉ REÇU À MON EXAM !
OUAIS, GÉNIAL !
OU POUR VIVRE PLUS LONGTEMPS À LEURS CROCHETS.
ÇA VEUT DIRE ENCORE TROIS ANS À VIVRE ICI !
POUR PRENDRE UNE REVANCHE SUR LA VIE...
EH OUI, C'EST BIEN MOI, LA GROSSE NULLE DU DERNIER RANG !
DEPUIS HIER... REÇUE À SCIENCE PO !
POUR BRILLER AUPRÈS DES COPAINS QUI VOUS ONT FAIT SUBIR LE PIRE.
SALUT LES GARS...
BOUBOULE BAC-S SERA BIENTÔT AVOCAT !
ALORS, IL VOUS DIT À BIENTÔT !
POLICE
POUR FAIRE DE BELLES RENCONTRES.
POUR PROFITER PLUS LONGTEMPS D'AVANTAGES LIÉS À CE STATUT.
YOUPI !
JE SUIS PRIS EN FAC ! À MOI LA CARTE ÉTUDIANT ET TOUS SES AVANTAGES !
MAIS PAPI, TU N'AVAIS PAS DÉJÀ LA CARTE VERMEIL POUR ÇA ?
ENFIN, IL N'EST PAS EXCLU QUE PARFOIS, CE SOIT PAR SIMPLE AMBITION PERSONNELLE !
MOI, SI JE FAIS DES ÉTUDES DE COMMERCE, C'EST PARCE QUE JE RÊVE DE MONTER MA BOÎTE.
?!
SLUUURP!
HEIN ?
C'EST PAS POUR LES MEUFS ?

COMMENT DEVENIR ÉTUDIANT ?
COMME NOUS NE SOMMES PAS TOUS ÉGAUX DEVANT LA RÉUSSITE, IL EXISTE PLUSIEURS PORTES D'ACCÈS. EN VOICI QUELQUES-UNES.
VOUS ÊTES UN GÉNIE RECRUTÉ D'OFFICE PAR LES PLUS GRANDES ÉCOLES.
APPARTEMENT
PCHIIIT! PCHIIIT!
N'HÉSITEZ PAS À FAIRE MARCHER LA CONCURRENCE !
VOUS DEVEZ PASSER PAR LA CASE CONCOURS D'ENTRÉE.
GRAVE EASY CE TRUC !
'TAIN ! JE PIGE QUE DALLE... JE PASSERAIS BIEN EN CASE SUIVANTE, MOI !
TIP! TIP!
UN PEU JUSTE, VOUS FAITES UNE ANNÉE DE MISE À NIVEAU.
HÉ, MOMO...
UNE P'TITE REMISE À...
HIPS !
... NIVEAU, STEUPLÉ !
SI TRÈS JUSTE, VOUS EN FEREZ PLUSIEURS.
COMME LES GRANDS DE CE MONDE, VOUS ÊTES EXPERT EN CORRUPTION...
C'EST QUOI LA MISE DE DÉPART POUR ENTRER DANS CET ÉTABLISSEMENT ?
?!
DOSSIER D'INSCRIPTION M. KEVIN CAPONE
OU MIEUX, VOUS AVEZ DU PISTON.
MHEUA NON, JE NE SUIS PAS PISTONNÉ... SI VOUS NE ME CROYEZ PAS, DEMANDEZ À MON PÈRE, C'EST LE DIRECTEUR !
MAIS QU'IL EST CON ! MAIS QU'IL EST CON !
VOUS AVEZ QUELQUES ATOUTS NATURELS...
J'AI VU VOTRE DOSSIER, IL EST TRÈS BON... VOUS ÊTES ADMISE.
MAIS JE NE VOUS AI RIEN MONTRÉ !
NE CROYEZ PAS ÇA, J'EN AI BIEN ASSEZ VU !
... OU PAS !
DÉSOLÉ, ON EST COMPLET !
MAIS...
IL VA SANS DIRE QUE LE TRAVAIL SUR LA DURÉE RESTE LA MEILLEURE MANIÈRE D'ACCÉDER AU STATUT D'ÉTUDIANT !

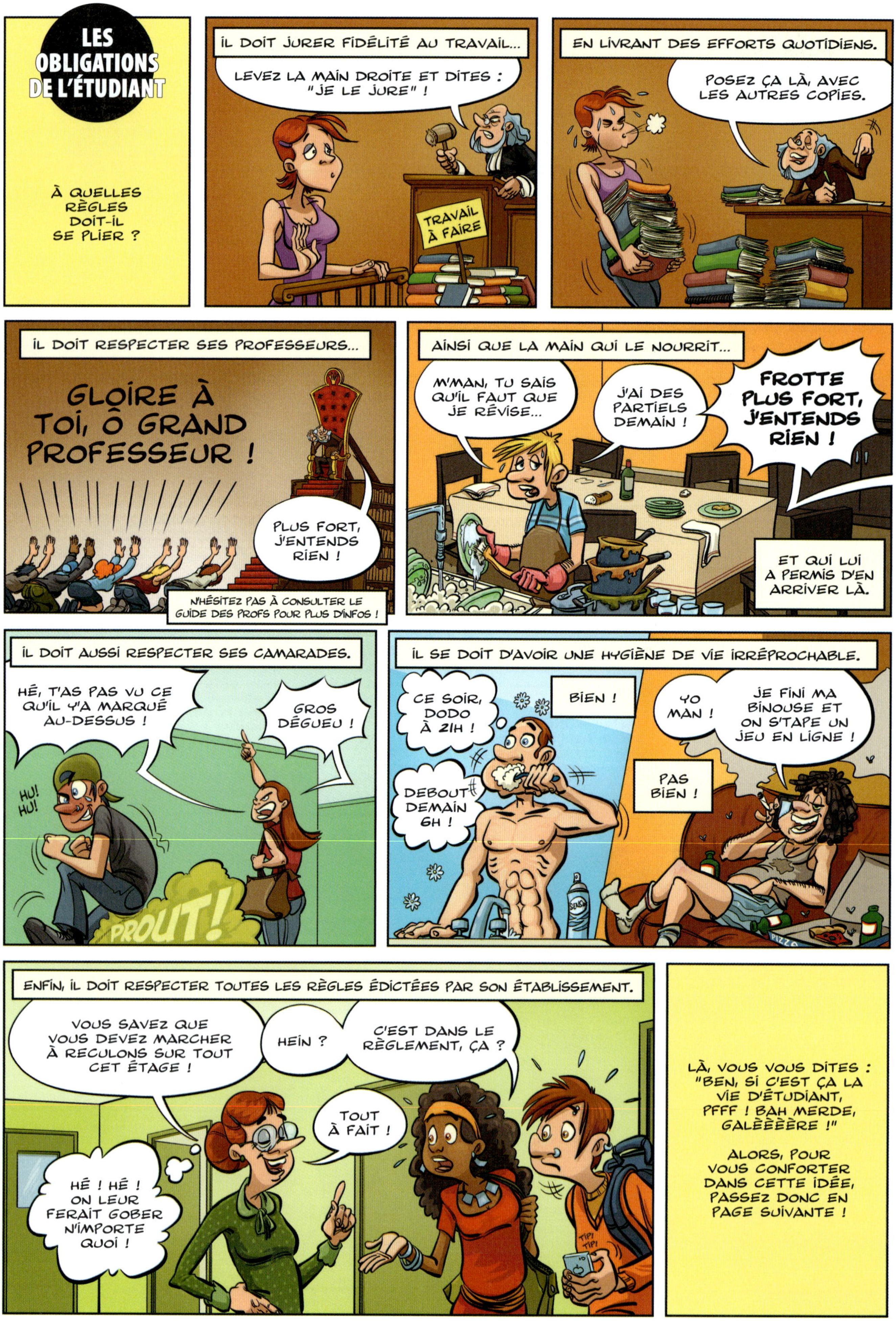
LES OBLIGATIONS DE L'ÉTUDIANT
À QUELLES RÈGLES DOIT-IL SE PLIER ?
IL DOIT JURER FIDÉLITÉ AU TRAVAIL...
LEVEZ LA MAIN DROITE ET DITES : "JE LE JURE" !
TRAVAIL À FAIRE
EN LIVRANT DES EFFORTS QUOTIDIENS.
POSEZ ÇA LÀ, AVEC LES AUTRES COPIES.
IL DOIT RESPECTER SES PROFESSEURS...
GLOIRE À TOI, Ô GRAND PROFESSEUR !
PLUS FORT, J'ENTENDS RIEN !
N'HÉSITEZ PAS À CONSULTER LE GUIDE DES PROFS POUR PLUS D'INFOS !
AINSI QUE LA MAIN QUI LE NOURRIT...
M'MAN, TU SAIS QU'IL FAUT QUE JE RÉVISE...
J'AI DES PARTIELS DEMAIN !
FROTTE PLUS FORT, J'ENTENDS RIEN !
ET QUI LUI A PERMIS D'EN ARRIVER LÀ.
IL DOIT AUSSI RESPECTER SES CAMARADES.
HÉ, T'AS PAS VU CE QU'IL Y'A MARQUÉ AU-DESSUS !
GROS DÉGUEU !
HU! HU!
PROUT!
IL SE DOIT D'AVOIR UNE HYGIÈNE DE VIE IRRÉPROCHABLE.
CE SOIR, DODO À 21H !
DEBOUT DEMAIN 6H !
BIEN !
YO MAN !
JE FINI MA BINOUSE ET ON S'TAPE UN JEU EN LIGNE !
PAS BIEN !
ENFIN, IL DOIT RESPECTER TOUTES LES RÈGLES ÉDICTÉES PAR SON ÉTABLISSEMENT.
VOUS SAVEZ QUE VOUS DEVEZ MARCHER À RECULONS SUR TOUT CET ÉTAGE !
HEIN ?
C'EST DANS LE RÈGLEMENT, ÇA ?
TOUT À FAIT !
HÉ ! HÉ ! ON LEUR FERAIT GOBER N'IMPORTE QUOI !
TIPI TIPI
LÀ, VOUS VOUS DITES : "BEN, SI C'EST ÇA LA VIE D'ÉTUDIANT, PFFF ! BAH MERDE, GALÈÈÈÈRE !"
ALORS, POUR VOUS CONFORTER DANS CETTE IDÉE, PASSEZ DONC EN PAGE SUIVANTE !

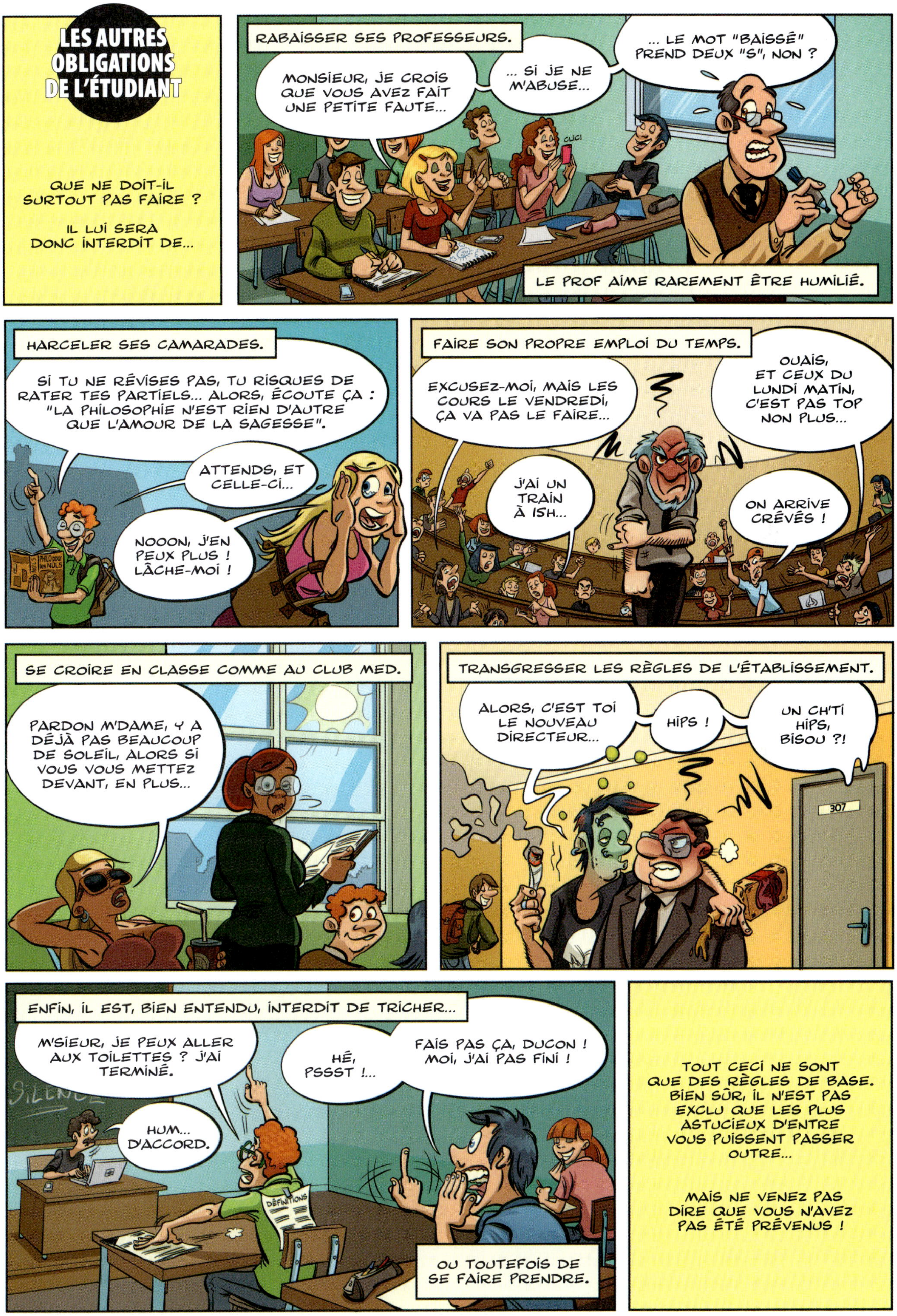
LES AUTRES OBLIGATIONS DE L'ÉTUDIANT
QUE NE DOIT-IL SURTOUT PAS FAIRE ?
IL LUI SERA DONC INTERDIT DE...
RABAISSER SES PROFESSEURS.
MONSIEUR, JE CROIS QUE VOUS AVEZ FAIT UNE PETITE FAUTE...
... SI JE NE M'ABUSE...
... LE MOT "BAISSÉ" PREND DEUX "S", NON ?
CLIC!
LE PROF AIME RAREMENT ÊTRE HUMILIÉ.
HARCELER SES CAMARADES.
SI TU NE RÉVISES PAS, TU RISQUES DE RATER TES PARTIELS... ALORS, ÉCOUTE ÇA : "LA PHILOSOPHIE N'EST RIEN D'AUTRE QUE L'AMOUR DE LA SAGESSE".
ATTENDS, ET CELLE-CI...
NOOON, J'EN PEUX PLUS ! LÂCHE-MOI !
FAIRE SON PROPRE EMPLOI DU TEMPS.
EXCUSEZ-MOI, MAIS LES COURS LE VENDREDI, ÇA VA PAS LE FAIRE...
OUAIS, ET CEUX DU LUNDI MATIN, C'EST PAS TOP NON PLUS...
J'AI UN TRAIN À 15H...
ON ARRIVE CRÉVÉS !
SE CROIRE EN CLASSE COMME AU CLUB MED.
PARDON M'DAME, Y A DÉJÀ PAS BEAUCOUP DE SOLEIL, ALORS SI VOUS VOUS METTEZ DEVANT, EN PLUS...
TRANSGRESSER LES RÈGLES DE L'ÉTABLISSEMENT.
ALORS, C'EST TOI LE NOUVEAU DIRECTEUR...
HIPS !
UN CH'TI HIPS, BISOU ?!
307
ENFIN, IL EST, BIEN ENTENDU, INTERDIT DE TRICHER...
M'SIEUR, JE PEUX ALLER AUX TOILETTES ? J'AI TERMINÉ.
HUM... D'ACCORD.
HÉ, PSSST !...
FAIS PAS ÇA, DUCON ! MOI, J'AI PAS FINI !
DÉFINITIONS
OU TOUTEFOIS DE SE FAIRE PRENDRE.
TOUT CECI NE SONT QUE DES RÈGLES DE BASE. BIEN SÛR, IL N'EST PAS EXCLU QUE LES PLUS ASTUCIEUX D'ENTRE VOUS PUISSENT PASSER OUTRE...
MAIS NE VENEZ PAS DIRE QUE VOUS N'AVEZ PAS ÉTÉ PRÉVENUS !

LES DIFFÉRENTS TYPES D'ÉTUDIANTS
IL EXISTE PLUSIEURS GRANDES FAMILLES D'ÉTUDIANTS, FONCTIONNANT QUASI TOUJOURS EN VERSIONS OPPOSÉES.
L'EXUBÉRANT.
ALAWALÉGUAINE DE YEAH YEAH YEAAAAAAH !
JE VAIS ALLER CHTOU ! CHTOU ! JE VAIS ALLER CHTOU ! CHTOU ! JE VAIS ALLER PISSER ! CHTOU ! CHTOU !
LE TIMIDE.
TOILETTES
LE "SÛR DE LUI".
JE VOUS ASSURE QUE VOUS NOUS AVIEZ DIT QUE LE CONTRÔLE SERAIT LA SEMAINE PROCHAINE !
C'EST QU'ELLE COMMENCE À ME FAIRE DOUTER, CELLE-LÀ !
AGENDA
PAF !
C'EST LE... B...
L'HÉSITANT.
JE VEUX DIRE BEUH... HEU ?!...
QUOI ?
... BESOIN D'ALLER AUX TOILETTES ?
BEULEU BEUH...
LE GÉNIE.
LE RÉSULTAT NE SERAIT PAS TOUT SIMPLEMENT :
LE LABORIEUX UN PEU LIMITÉ.
ÇA Y EST, JE CROIS QUE J'AI TROUVÉ...
IL FAUT APPLIQUER LE THÉORÈME DE PYTHAGORE !
HA ! HA ! JE SUIS UN KILLER ! YES !
LE CHARISMATIQUE.
HA ! HA ! HA !
ET LÀ, PIF PAF POF ! NI UNE NI DEUX, JE L'AI GRAVE MOUCHÉ !
T'AURAIS VU LA TRONCHE DU MEC. HA ! HA !
HÉ ! HÉ ! HÉ !
SACRÉ MARC !
CELUI QUE PERSONNE N'ÉCOUTE.
C'EST COMME MOI, IL M'EST ARRIVÉ UN TRUC...
HA ! HA ! HA !

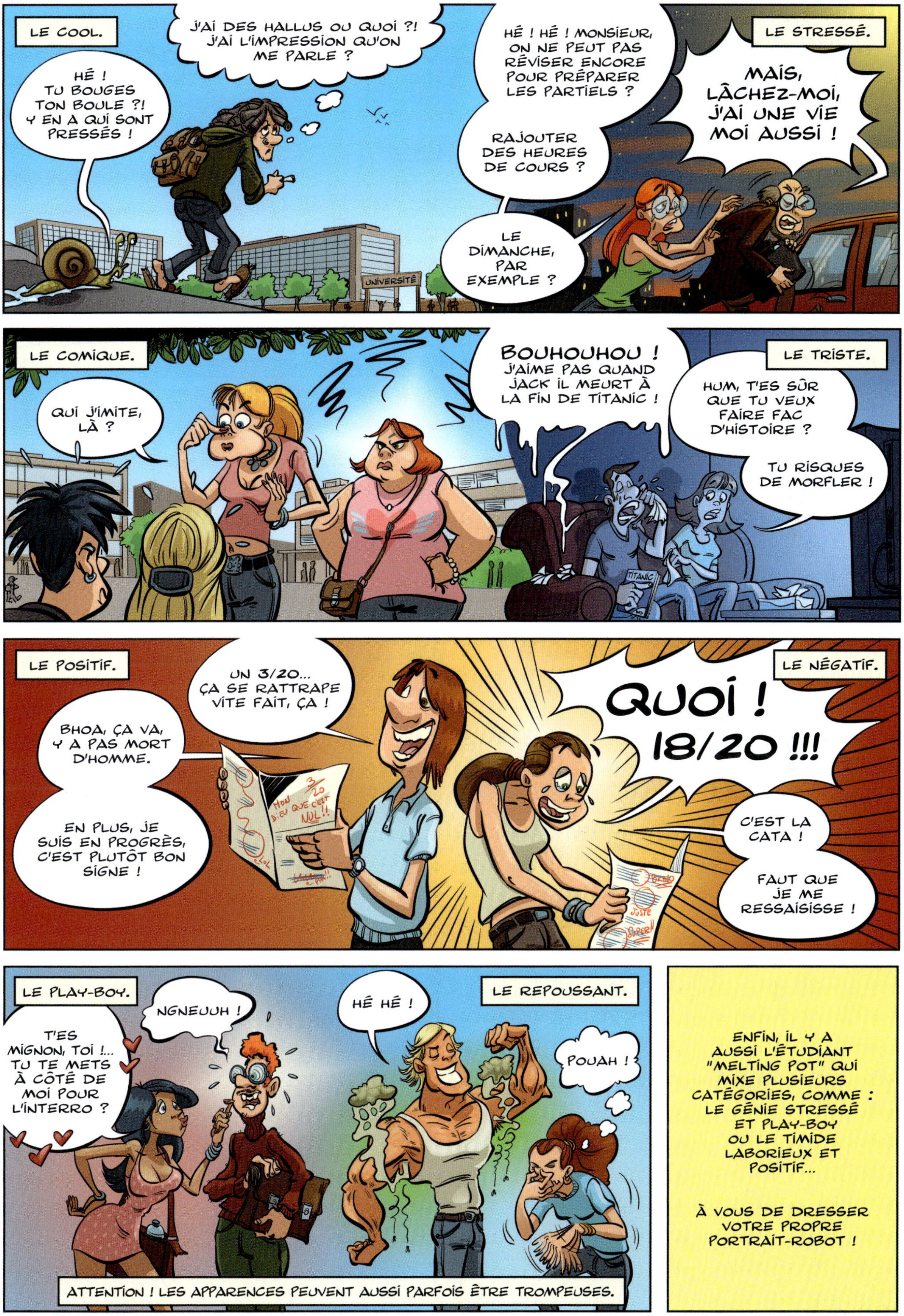
LE COOL.
HÉ ! TU BOUGES TON BOULE ?! Y EN A QUI SONT PRESSÉS !
J'AI DES HALLUS OU QUOI ?! J'AI L'IMPRESSION QU'ON ME PARLE ?
UNIVERSITÉ
HÉ ! HÉ ! MONSIEUR, ON NE PEUT PAS RÉVISER ENCORE POUR PRÉPARER LES PARTIELS ?
RAJOUTER DES HEURES DE COURS ?
LE DIMANCHE, PAR EXEMPLE ?
LE STRESSÉ.
MAIS, LÂCHEZ-MOI, J'AI UNE VIE MOI AUSSI !
LE COMIQUE.
QUI J'IMITE, LÀ ?
BOUHOUHOU ! J'AIME PAS QUAND JACK IL MEURT À LA FIN DE TITANIC !
LE TRISTE.
HUM, T'ES SÛR QUE TU VEUX FAIRE FAC D'HISTOIRE ?
TU RISQUES DE MORFLER !
TITANIC
LE POSITIF.
BHOA, ÇA VA, Y A PAS MORT D'HOMME.
UN 3/20... ÇA SE RATTRAPE VITE FAIT, ÇA !
EN PLUS, JE SUIS EN PROGRÈS, C'EST PLUTÔT BON SIGNE !
3/20
MON DIEU QUE C'EST NUL !!
LE NÉGATIF.
QUOI ! 18/20 !!!
C'EST LA CATA !
FAUT QUE JE ME RESSAISISSE !
BRAVO
JUSTE
SUPER
LE PLAY-BOY.
T'ES MIGNON, TOI !... TU TE METS À CÔTÉ DE MOI POUR L'INTERRO ?
NGNEUUH !
HÉ HÉ !
LE REPOUSSANT.
POUAH !
ATTENTION ! LES APPARENCES PEUVENT AUSSI PARFOIS ÊTRE TROMPEUSES.
ENFIN, IL Y A AUSSI L'ÉTUDIANT "MELTING POT" QUI MIXE PLUSIEURS CATÉGORIES, COMME : LE GÉNIE STRESSÉ ET PLAY-BOY OU LE TIMIDE LABORIEUX ET POSITIF...
À VOUS DE DRESSER VOTRE PROPRE PORTRAIT-ROBOT !

QU'EST-CE QUE LE QUOTIDIEN DE L'ÉTUDIANT ?
TENTONS DE RETRACER ICI LA JOURNÉE TYPE D'UN ÉTUDIANT MOYEN.
COMME TOUTE PERSONNE QUI A DES RESPONSABILITÉS, UN ÉTUDIANT SE LÈVE LE MATIN.
RONFLLL... RONFLLL...
BI BIP BI BIP DEBOUT ! BI BIP BI BIP DEBOUT !
COMME TOUTE PERSONNE QUI A DES RESPONSABILITÉS, MAIS QUI NE VEUT PAS LES ACCOMPLIR, UN ÉTUDIANT À BESOIN D'AIDE POUR SE LEVER.
WHAAAAAA !
IL PART D'UN PAS ALERTE VERS SON DEVOIR D'ÉTUDIANT.
BOARF, PAS ENVIE D'ALLER À LA FAC, MOI... VAIS PLUTÔT ALLER AU CAFÉ !
BON, MAUVAIS EXEMPLE !
MATINÉE EN FANFARE POUR LES 1RES HEURES DE COURS.
BEN, QU'EST-CE QUE VOUS FOUTEZ LÀ ? ON A DIT EN FANFARE !
OUAIS, BEN FAUDRA DIRE AUX PROFS ABSENTS DE FAIRE LA MÊME CHOSE, ALORS !
HUM... BREF, IL ARRIVE QUAND MÊME PARFOIS QUE LES ÉTUDIANTS SOIENT EN COURS !
BLABLA BLA BLABLA BLABLA BLAAAA BLA BLABLABLA BLABLA BLABLA BLA BLA !
TIPTIPTIP! TIPTIPTIPTIP! TIPTIP!
?
VOILÀ UNE CLASSE SÉRIEUSE, ENFIN !
WUIIIIIIIIIII !!!
HAAA ! C'EST L'ALARME INCENDIE !
SORTEZ LE PLUS CALMEMENT POSSIBLE, ON REPREND LUNDI !
YES !
OUPS !
help! fé 1 truk
merci, tuma sové la vi javé rien révisé
Ne déclenchez l'alarme qu'en cas d'extrême urgence.
ALARME INCENDIE
JE ME DISAIS AUSSI, C'ÉTAIT TROP BEAU...

LA PAUSE DÉJEUNER BIEN MÉRITÉE... PLUSIEURS OPTIONS S'OFFRENT À VOUS.
KEBAB
CANTINE
BURPS !!
FAST-FOOD
SANDWICH
DANS TOUS LES CAS, ON OUBLIE ... LA DIÉTÉTIQUE.
INTERMÈDE MÉDICAL.
VOUS L'AUREZ CONSTATÉ PAR VOUS-MÊME CI-DESSUS...
L'ÉTUDIANT N'A PAS UNE NOURRITURE TRÈS ÉQUILIBRÉE...
ON PEUT MÊME DIRE QU'IL A UNE ALIMENTATION DE MERDE !
DÉBUT D'APRÈS-MIDI, REPRISE DES COURS.
ROONNNFFLLLLEUUU !!!
CHUUUT !
LA DIGESTION N'EST PAS LA MEILLEURE AMIE DE L'ÉTUDIANT.
LES INTERCOURS. MOMENTS DE REPOS ÉPHÉMÈRES.
ET N'OUBLIEZ PAS, FUMER NUIT GRAVEMENT À LA SANTÉ !
ET IL A TOUT À FAIT RAISON.
FIN DE JOURNÉE. HA ! TOUT UN TAS DE NOUVELLES CONNAISSANCES EMMAGASINÉES !
TU ME PASSERAS TES NOTES, J'AI RIEN ÉCOUTÉ !
HA MERDE ! JE COMPTAIS JUSTEMENT SUR TOI... J'AI DORMI TOUT LE LONG !
MAIS LA VIE D'ÉTUDIANT EST AINSI FAITE QUE DE RETOUR CHEZ LUI, IL DOIT CONTINUER À TRAVAILLER POUR SES COURS À VENIR.
OUAIS, BEN T'ES GENTIL LE NARRATEUR, MAIS T'ES UN PEU LOURD !
ALORS, CE SOIR TU ME LÂCHES, ET CE SERA PLUTÔT SOIRÉE "WAR OF DUTY" AVEC LES POTES EN RÉSEAU !
HOPE
PIZZA
OK, D'ACCORD, MAIS NE VOUS COUCHEZ PAS TROP TARD QUAND MÊME !
EN RÉSUMÉ, LA JOURNÉE ET LA VIE DE L'ÉTUDIANT EST RYTHMÉE PAR... HEU, EH BIEN, PAR CE QUE L'ÉTUDIANT A ENVIE DE FAIRE DE SES JOURNÉES.

L'HABITAT DE L'ÉTUDIANT
À CHACUN SON STYLE, MAIS SURTOUT À CHACUN SES MOYENS.
IL PEUT VIVRE CHEZ SES PARENTS.
COMMENT ILS FONT DÉJÀ, LE BÛCHERON ET SA FEMME POUR SE DÉBARRASSER DU PETIT POUCET ?
AVOIR UNE CHAMBRE EN CITÉ UNIVERSITAIRE.
PRÔÔÔUT !
À TES SOUHAITS !
DÉSOLÉ !
OU EN AVOIR UNE LOUÉE PAR SES PARENTS.
C'EST SUPER CALME, VOUS ALLEZ VOIR...
UNE AFFAIRE !
TUUuuut !
PRRrr !
TUTUuuut
TUUUuut !
tuuuuut !
PRATIQUER LA COLOCATION.
SALUT, JE VIENS DÉPOSER UN DOSSIER POUR LA COLOC !
ACCORDÉ !!!
QUOI ?!
CV
SQUATTER CHEZ UN POTE.
SALUT ! C'EST MOI !
HEU... TU AS PRIS BEAUCOUP D'AFFAIRES POUR UN DÉPANNAGE DE DEUX JOURS, NON ?
TING! TING!
ÊTRE RENTIER AVEC SON APPART À SOI.
LES GARS, VOUS AVEZ OUBLIÉ DE METTRE VOS PATINS...
... JE VIENS JUSTE DE FAIRE CIRER LE PARQUET.
CLASSE, JEAN-ED !
OU ENCORE, TRAVAILLER LE SOIR POUR SE PAYER SON PROPRE LOGEMENT.
BON, LES POTES, C'EST SYMPA DE VENIR ME VOIR...
MAIS JE VOUS AI DÉJÀ DIT QUE JE NE POUVAIS PAS VOUS AVOIR DE BIG WAC GRATOS !
BOSS W
DANS TOUS LES CAS, IL LUI FAUDRA UN ENDROIT POUR TRAVAILLER SES COURS AFIN DE DEVENIR AUTONOME (À LA GRANDE JOIE DE SES PARENTS).

LA NOURRITURE ÉTUDIANTE
ON L'A DÉJÀ ÉVOQUÉE PRÉCÉDEMMENT, LA NOURRITURE DE L'ÉTUDIANT EST RICHE... NON PAS PAR SA DIVERSITÉ, MAIS PAR SON TAUX DE GRAISSE.
ELLE PEUT ÊTRE À LA FOIS IMPORTANTE POUR CERTAINS...
VITE ! VITE ! FAUT QUE JE BOUFFE !
N'IMPORTE QUOI !
UN KEBAB, UNE PIZZA, UN BURGER !
KING OF
OU UNE SALADE ?
WHOEU ! L'AUTRE, HÉ !
J'SUIS PAS MALADE QUAND MÊME !
... COMME TOTALEMENT ANECDOTIQUE POUR D'AUTRES.
CHÉRI, TU MANGES BIEN AU MOINS ?
BOAF, TU SAIS, J'AI PAS TROP LE TEMPS AVEC TOUT CE TRAVAIL, M'MAN !
MAIS C'EST QUOI CE BRUIT ?
HEIN ? HA, ÇA, C'EST MON STYLO QUI MARCHE PLUS !
Wiii2
Wiii2
VOICI UN APERÇU DE L'ALIMENTATION FAVORITE DE L'ÉTUDIANT MOYEN.
COLA PAS LIGHT
KETCHUP TOMATO
MAYO
BBQ
PIZZA
ICE CREAM
POP CORN
RICHE EN CALORIES, ELLE SAURA RAVIR SES PAPILLES.
VOICI UN APERÇU DE L'ALIMENTATION QUI LE REBUTE, MAIS TOUTEFOIS PRÉCONISÉE.
UHT
LAIT
MIEL
BIO
ÉQUILIBRÉE, FAIBLE TENEUR EN CALORIES... MAIS ÇA NE FAIT PAS RÊVER.
UN AUTRE ÉLÉMENT ESSENTIEL DE CONSOMMATION CHEZ L'ÉTUDIANT...
TU SAIS QUE JE T'AIME, TOI QUI ME SUSTENTES CHAQUE JOUR !
LE **DISTRIBUTEUR AUTOMATIQUE** !
NUMÉRO 33... ATTENTION LE JACKPOT...
PUSH
OUAIS, ZIVA, TU VAS ME LE DONNER, OUI, MON REPAS DE S'MIDI !
BÂÂÂTARD !
BANG !
SURNOMMÉ AUSSI **MACHINE À SOUS DE LA BOUFFE** !
HEUREUSEMENT, POUR RÉGULER TOUT ÇA, IL Y A LE RETOUR À LA MAISON, AVEC LES BONS PETITS REPAS DOMINICAUX
...
MAIS BON, VIVEMENT LUNDI QU'ON SE TAPE UN KEBAB !

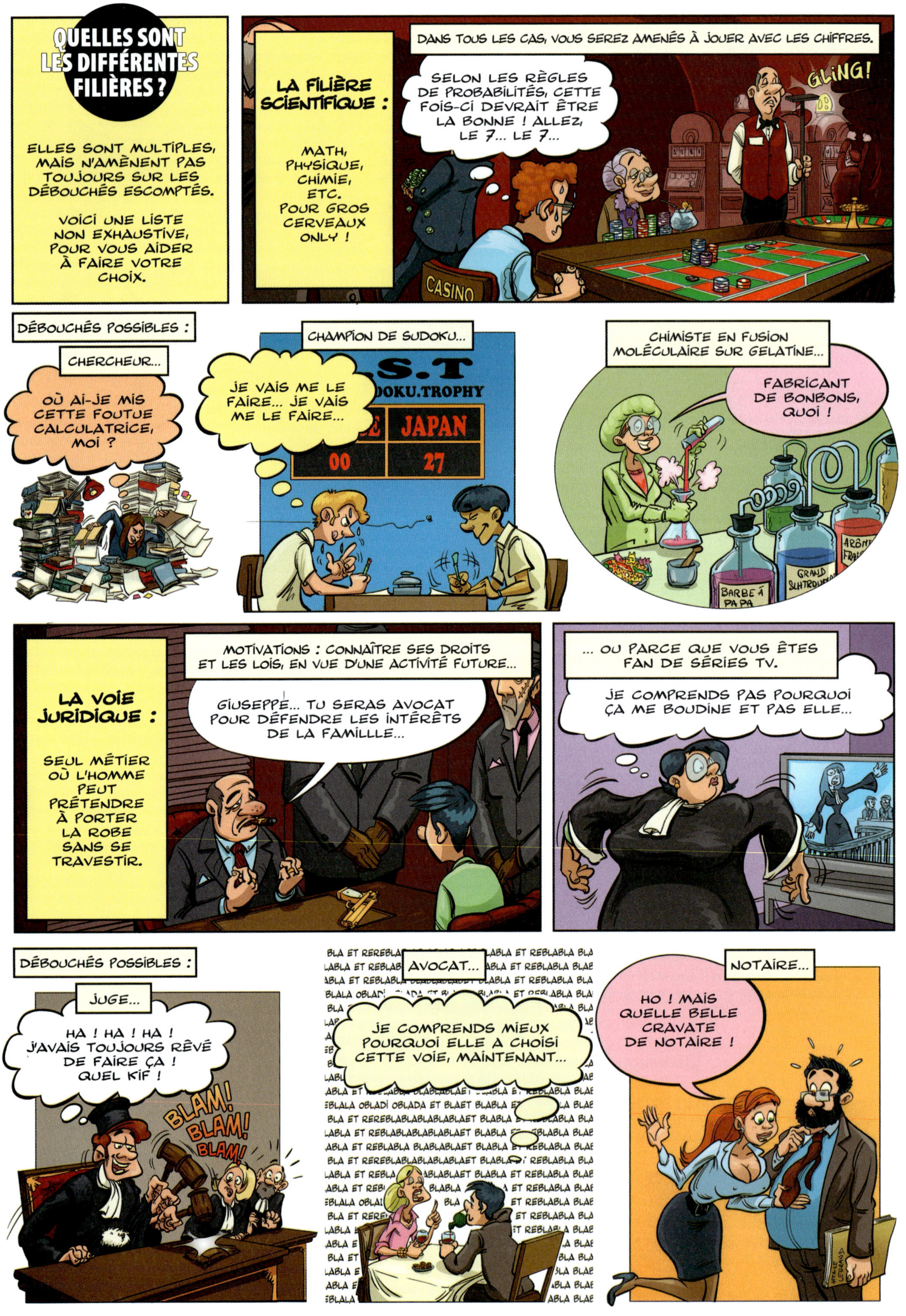
QUELLES SONT LES DIFFÉRENTES FILIÈRES ?
ELLES SONT MULTIPLES, MAIS N'AMÈNENT PAS TOUJOURS SUR LES DÉBOUCHÉS ESCOMPTÉS.
VOICI UNE LISTE NON EXHAUSTIVE, POUR VOUS AIDER À FAIRE VOTRE CHOIX.
LA FILIÈRE SCIENTIFIQUE :
MATH, PHYSIQUE, CHIMIE, ETC. POUR GROS CERVEAUX ONLY !
DANS TOUS LES CAS, VOUS SEREZ AMENÉS À JOUER AVEC LES CHIFFRES.
SELON LES RÈGLES DE PROBABILITÉS, CETTE FOIS-CI DEVRAIT ÊTRE LA BONNE ! ALLEZ, LE 7... LE 7...
GLING!
CASINO
DÉBOUCHÉS POSSIBLES :
CHERCHEUR...
OÙ AI-JE MIS CETTE FOUTUE CALCULATRICE, MOI ?
CHAMPION DE SUDOKU...
JE VAIS ME LE FAIRE... JE VAIS ME LE FAIRE...
DOKU.TROPHY
JAPAN
00
27
CHIMISTE EN FUSION MOLÉCULAIRE SUR GELATINE...
FABRICANT DE BONBONS, QUOI !
BARBE À PAPA
GRAND SCHTROUMPF
LA VOIE JURIDIQUE :
SEUL MÉTIER OÙ L'HOMME PEUT PRÉTENDRE À PORTER LA ROBE SANS SE TRAVESTIR.
MOTIVATIONS : CONNAÎTRE SES DROITS ET LES LOIS, EN VUE D'UNE ACTIVITÉ FUTURE...
GIUSEPPE... TU SERAS AVOCAT POUR DÉFENDRE LES INTÉRÊTS DE LA FAMILLLE...
... OU PARCE QUE VOUS ÊTES FAN DE SÉRIES TV.
JE COMPRENDS PAS POURQUOI ÇA ME BOUDINE ET PAS ELLE...
DÉBOUCHÉS POSSIBLES :
JUGE...
HA ! HA ! HA ! J'AVAIS TOUJOURS RÊVÉ DE FAIRE ÇA ! QUEL KIF !
BLAM! BLAM! BLAM!
AVOCAT...
JE COMPRENDS MIEUX POURQUOI ELLE A CHOISI CETTE VOIE, MAINTENANT...
NOTAIRE...
HO ! MAIS QUELLE BELLE CRAVATE DE NOTAIRE !

LA FILIÈRE ARTISTIQUE :
AVANT DE CHOISIR CETTE VOIE, FAITES LE POINT SUR VOS COMPÉTENCES ...
QU'EST-CE QU'UN ARTISTE ?
IL PEUT ÊTRE UN GÉNIE, AVEC UN DON INNÉ...
C'EST NUL !
SALOPERIE DE GÉNIE !
... UN LABORIEUX PASSIONNÉ...
C'EST TRÈS BIEN, MON P'TIT !
HÉ HÉ ! NUL À CHIER !
... VOIRE DANS CERTAINS CAS, UN OBSÉDÉ.
GUNAAH !
!?!
IL SE DISTINGUE SOUVENT PAR SON STYLE EXCENTRIQUE.
WHAOU ! JE KIFFE TROP TON STAÏLE... T'ES UNE ARTISTE, NON ?
HA NON... JE FAIS DES OPÉ POUR DES CÉRÉALES EN SUPERMARCHÉ.
DÉBOUCHÉS POSSIBLES :
ELLE EST PAS BELLE, LA VIE D'ARTISTE ?
DESSINATEUR DE BD POUR LES PLUS CHANCEUX...
... PEINTRE EN BÂTIMENT POUR ARRONDIR SES FINS DE MOIS !
NON, ELLE EST PAS SI BELLE, LA VIE D'ARTISTE !
LE COMMERCE ET MARKETING :
VOUS TROUVEZ QUE LE MOT "MARKETING", ÇA SONNE SUPER BIEN ? C'EST PAS FAUX ...
MAIS ATTENTION, ICI, ON N'EST PAS DANS LA SILICON VALLEY, ET VOUS N'ÊTES PAS STEVE JOBS !
MOTIVATIONS : VOUS VOULEZ REPRENDRE LA BOUTIQUE DE PAPA.
HEU... PAS VRAIMENT, NON...
JE VOUDRAIS BOSSER DANS LES ASSURANCES VIE !
POMPES FUNÈBRE
SALUT, FILS !
VOUS ADOREZ FAIRE LES SOLDES...
NE CROYEZ PAS QUE C'EST PAR PLAISIR...
C'EST JUSTE POUR OBSERVER SUR LE TERRAIN LES DIFFÉRENTES TECHNIQUES DE VENTE !
SOLDES
OU ENCORE, VOUS VENDRIEZ N'IMPORTE QUOI...
UN TICKET DE TOMBOLA À 200 EUROS... JE ME DEMANDE SI JE NE ME SUIS PAS FAIT AVOIR, MOI...
DÉBOUCHÉS POSSIBLES :
CRÉER UNE START-UP QUI SERA UN JOUR COTÉE EN BOURSE.
J'AURAIS BESOIN D'UN PRÊT POUR MONTER MA START-UP DE BANQUE EN LIGNE PARTICIPATIVE...
LE PRINCIPE : ARRIVER À SE PASSER DES BANQUIERS...
OUVRIR UN GÎTE RURAL DANS LE LARZAC...
EN MÊME TEMPS, JE ME DEMANDE SI J'AVAIS BESOIN DE FAIRE AUTANT D'ÉTUDES POUR ÇA ?
ALORS, ELLE EST OÙ, LA SILICON VALLEY ?

LA MÉDECINE :
LÀ, PLUS QUE JAMAIS, ON Y ENTRE PAR VOCATION... SINON, ATTENTION LES HAUT-LE-CŒUR !
HYPOCONDRIAQUES, S'ABSTENIR.
MOTIVATIONS :
COMPRENDRE LE CORPS HUMAIN.
AÏE ! MAIS T'ES MALADE !
JE METS À PROFIT MES COURS !
OUAIS, BEN METS QUE ÇA À PROFIT, STEUP' !
L'AMOUR DE LA BLOUSE BLANCHE.
MON DIEU ! QUE JE NE REGRETTE PAS MON CHOIX !
POUR SAUVER DES VIES...
À VOUS DE ME REMETTRE LE PUZZLE EN ORDRE.
... OU POUR ÉTUDIER CELLES QUI NE L'ONT PAS ÉTÉ...
LES DÉBOUCHÉS SONT NOMBREUX.
PETITES PROMOS POUR LES SECTEURS EN DEMANDE : PROFESSIONS QUI SE TERMINENT PAR "LOGUE", PEU REPRÉSENTÉES EN CATALOGUE.
PROCTOLOGUE.
SANS NOUVEAUX CANDIDATS, ON RISQUE D'ÊTRE DANS LE CACA !
GYNÉCOLOGUE.
C'EST EN VOYANT L'ORIGINE DU MONDE DE COURBET QUE J'AI EU CETTE VOCATION !
DERMATOLOGUE.
MOI, C'EST EN ME REGARDANT DANS LE MIROIR QUE JE L'AI EUE !
ATTENTION AUX FAUX AMIS : PÉDAGOGUE, SYNAGOGUE, PIROGUE OU CRÉATEUR DE BLOG.
ÉTUDES DE LETTRES :
ALORS, QUE CEUX QUI DISENT QUE C'EST "UNE VOYE DE GARRAJE" AURAIENT PEUT-ÊTRE MIEUX FAIT DE L'EMPRUNTER, CETTE VOIE !
MOTIVATIONS :
POUR BRILLER EN SOCIÉTÉ...
D'AILLEURS, COMME LE DISAIT SI BIEN BEAUMARCHAIS...
... HEUU !
OUAIS BON, ALORS, Y DISAIT QUOI, BEAUMARCHAIS ?
MERDE, C'EST QUOI, DÉJÀ ?!
HÉ! HÉ!
CONSEIL : RÉVISEZ VOS CITATIONS DE TEMPS EN TEMPS !
POUR SE FAIRE UN MAX DE FRIC DANS LES JEUX TV...
ON APPLAUDIT PAUL POUR SA 352E VICTOIRE DANS :
KICÉTI QUI VEUT PRENDRE SA PLACE !
DÉBOUCHÉS POSSIBLES.
POSTIER.
OUAIP ! J'SUIS LE CHAMPION DU MONDE D'ÉTUDE DE LETTRES !
CRUCIVERBISTE.
BON DÉBUT, MAIS UN PEU JUSTE POUR TRAVAILLER DANS NOTRE JOURNAL !
UN RATÉ
OUI A CAVE L E U
DICTIONNAIRE
PROF DE LETTRES...
HÉ HÉ ! À MON TOUR DE LEUR EN FAIRE BAVER À CES JEUNES CONS !
BONNE RENTRÉE !!
... POUR TRANSMETTRE AVEC PASSION VOTRE SAVOIR.

INFORMATIQUE :
ON A TOUJOURS TENDANCE À CROIRE QUE CETTE VOIE EST DESTINÉE AUX BOUTONNEUX À LUNETTES TRIPLES FOYERS... IL EST BIEN LOIN CE TEMPS-LÀ !
REGARDEZ À QUOI RESSEMBLE L'ÉTUDIANT MODERNE.
IL EST BEAU ET PLEIN D'HUMOUR...
ET LÀ, LE PC EN VOYANT LA BEAUTÉ DU MAC, TOMBA DANS LES POMMES !
HI HI HI ! COMME TU ES SPIRITUEL !
IL EST SPORTIF.
25 KM EN 1H12... RECORD BATTU !
ALLEZ, 1H DE PISCINE ET JE ME REMETS AU TRAVAIL !
PFF !! PFFF !!
OUVERT SUR L'EXTÉRIEUR.
ÇA TE DIRAIT D'ALLER VOIR UN PETIT FILM D'AUTEUR ?
JE NE PEUX PAS, J'AI PRÉVU D'ALLER À UNE CONFÉRENCE SUR LE RÉCHAUFFEMENT CLIMATIQUE !
VOILÀ, ÇA, C'EST L'ÉTUDIANT EN INFORMATIQUE MODERNE !
NON, ON DÉCONNAIT, EN FAIT IL RESSEMBLE TOUJOURS À ÇA !
DÉBOUCHÉS POSSIBLES :
CRÉATEUR DE SITES WEB.
HUMMM... TU AS BIEN TRAVAILLÉ ! CYNTHIA VA BIEN TE RÉCOMPENSER !
ASSISTANCE INFORMATIQUE EN HOT LINE.
VOUS VOUS TROMPEZ DE NUMÉRO... JE NE SUIS PAS MLLE CYNTHIA LA CHAUDASSE !
VOIRE, POUR LES PETITS GÉNIES, INVENTEURS DU MONDE DE DEMAIN.
HUM... CE FRUIT M'INSPIRE, J'EN FERAIS BIEN MA MARQUE DE FABRIQUE...
SCRUNCH ! SCRUNCH !
ATTENTION ! VEILLEZ BIEN À ÊTRE DANS LA PURE INNOVATION !
LES ÉTUDES EN COMMUNICATION :
D'AUCUNS DIRONT QUE C'EST LA FILIÈRE DES PRÉTENTIEUX, C'EST FAUX ! ÇA, C'EST DE LA MAUVAISE COMMUNICATION !
TOUTEFOIS, IL EST PRÉFÉRABLE, SI VOUS CHOISISSEZ CETTE FILIÈRE, D'ÊTRE...
CURIEUX, IMAGINATIF, AIMANT JOUER AVEC LES MOTS ET LES IDÉES, MAIS SURTOUT ÊTRE DANS SON TEMPS : FASHION ET TENDANCE !
HO ! SO HYPE CE STYLE, T'AS TROUVÉ ÇA À L.A., NON ?
HEU, NON, JE SUIS LE RÉPARATEUR DE CLIM.
TIENS, SAAALUT JEAN-ED' ! T'AS A LITTLE TIME POUR UN PETIT BRAINSTORM FISSA ?
ZOUP !
LES ÉTUDES IDÉALES POUR LES PERSONNES QUI VONT À L'ESSENTIEL.
DÉBOUCHÉS POSSIBLES :
INVENTIF, CRÉATIF : LE CONCEPTEUR-RÉDACTEUR.
ALORS ?
Le Papier ROULOR c'est pas pour les porcs !
ATTACHÉ DE PRESSE.
NOTRE ENTREPRISE SOUS-PAYE SES EMPLOYÉS ET NE RESPECTE PAS LE TEMPS DE TRAVAIL !
SAVOIR MENTIR PEUT AUSSI ÊTRE UN ATOUT EN COMMUNICATION.
DIRECTEUR DE LA COMMUNICATION OU DIRCOM, LE MANAGER D'ÉQUIPE.
VA FALLOIR VOUS SORTIR LES DOIGTS POUR ASSURER UNE SUPER CAMPAGNE !
SINON, ON VA ÊTRE DANS LA MERDE !
ROULOR
AUTREMENT, IL EXISTE TOUT UN TAS D'AUTRES DÉBOUCHÉS QUE NOUS N'AVONS PAS LE TEMPS DE VOUS COMMUNIQUER.
PARDON POUR TOUTES LES GRANDES FILIÈRES QUE NOUS N'AVONS PAS ABORDÉES...
TECHNOLOGIE, TOURISME, ÉDUCATION, CINÉMA, SPORT, ÉTUDES DES LANGUES, MÉTIERS DE BOUCHE, DE PIEDS OU DE MAINS, J'EN PASSE ET DES MEILLEURES...
FALLAIT BIEN FAIRE UN CHOIX, NON ?

QU'EST-CE QUE LE BIZUTAGE ÉTUDIANT ?
C'EST LÀ TOUTE L'HISTOIRE DE L'HUMANITÉ INTRODUITE DANS LE MILIEU SCOLAIRE :
LA LOI DU PLUS FORT !
LES BIZUTEURS : ILS SONT TOUT PUISSANTS ET EN PROFITENT. C'EST UNE MEUTE, QUI FONCTIONNE AVEC SA HIÉRARCHIE.
LE CHEF
LE SECOND (SOUVENT PIRE QUE LE CHEF)
LE SCEPTIQUE
LE REVANCHARD
ILS VONT SOUFFRIR COMME J'AI SOUFFERT !
BATAILLON, FORMEZ LES RANGS !
LE NON CONCERNÉ
L'OPPORTUNISTE
OEUF
ET SI ON AJOUTAIT DES SÉVICES DE T-SHIRTS MOUILLÉS ?
FARINE BIO
LES BIZUTÉS, OU BIZUTS,
VICTIMES DU JEU, ILS TRINQUENT...
EUX AUSSI FONCTIONNENT EN CASTES BIEN DISTINCTES.
LE REBELLE
LE PREMIER QUI M'TOUCHE J'LE DÉFONCE !
LEGALIZE MMA
LE MASOCHISTE
HO OUI ! GRAND FOU ! DÉFONCE-MOI !
L'OPPORTUNISTE
HUM, CHEF, QUE VOUS ÊTES BEAU ET FORT !
LE FAYOT
PSIIT ! IL Y A UN BIZUT QUI SE CACHE LÀ !
BIZU
LE DUR À CUIRE
BON, ALORS, IL COMMENFE FE BIVUTAVE ?!
ON NE SAIT PAS BIEN À QUAND REMONTE LE PREMIER BIZUTAGE...
JE SUIS BIZU ET J'AIME ÇA !! GLOIRE À MON MAÎTRE !!
PFFF !!
MAIS IL S'OPÈRE TOUJOURS SELON LES MÊMES RÈGLES...
JE TE TIENS, TU ME TIENS PAR LA BARBICHETTE...
HU ! HU ! HU !
... L'OPPRESSEUR FACE À L'OPPRIMÉ.
HO MINCE ! ENCORE...
PERDU !
ZBAM !
LE BIZUTAGE EST EN FAIT UN RITE INITIATIQUE IMPORTANT PAR LEQUEL L'ÉTUDIANT DOIT PASSER...
HÉ HÉ ! MERVEILLEUX !
ET SI JE REFUSE DE MANGER ?!
ON Y AJOUTE UN RAT CREVÉ !
... POUR PERMETTRE SON INTÉGRATION AU SEIN DU GROUPE...
UH! UH! UH! UH!
UH! UH! UH! UH!
DÉLICHIEUX, Ô, GRAND MAÎCHTRE !
C'EST BIEN, BIZUT !
UH! UH! UH! UH!
TCHAK
... CELA, QU'IL SOIT D'ACCORD OU NON !

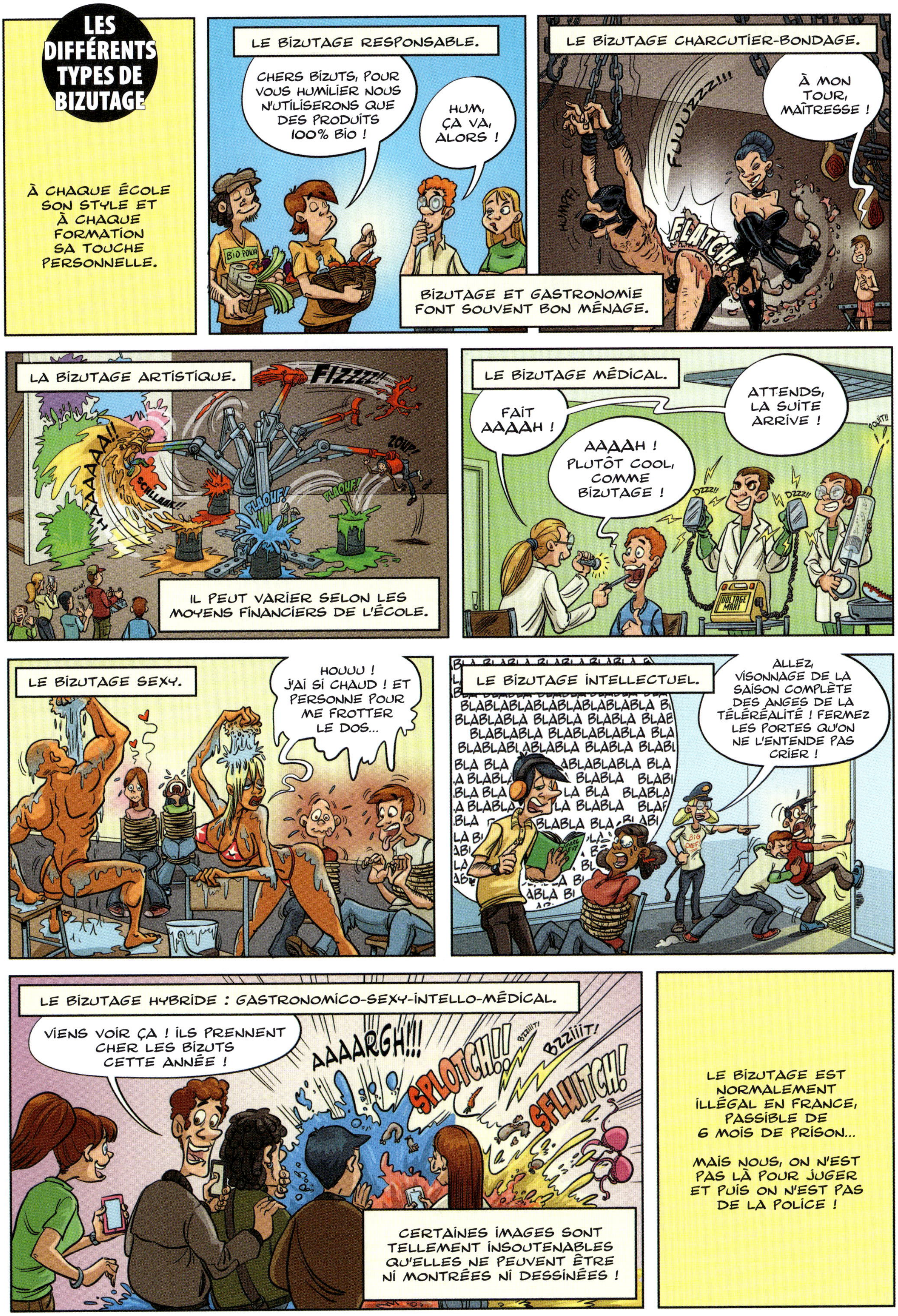

LES DIFFÉRENTS TYPES DE BIZUTAGE
À CHAQUE ÉCOLE SON STYLE ET À CHAQUE FORMATION SA TOUCHE PERSONNELLE.
LE BIZUTAGE RESPONSABLE.
CHERS BIZUTS, POUR VOUS HUMILIER NOUS N'UTILISERONS QUE DES PRODUITS 100% BIO !
HUM, ÇA VA, ALORS !
BIO POWA
LE BIZUTAGE CHARCUTIER-BONDAGE.
À MON TOUR, MAÎTRESSE !
FUIUUZZZ!!!
HUMPF!
FLATCH!
BIZUTAGE ET GASTRONOMIE FONT SOUVENT BON MÉNAGE.
LA BIZUTAGE ARTISTIQUE.
FIZZZZ!!
ZOUIP!
PLAOUF!
PLAOUF!
IL PEUT VARIER SELON LES MOYENS FINANCIERS DE L'ÉCOLE.
LE BIZUTAGE MÉDICAL.
FAIT AAAAH !
ATTENDS, LA SUITE ARRIVE !
AAAAH ! PLUTÔT COOL, COMME BIZUTAGE !
DZZZ!!
DZZZ!!
VOLTAGE MAX
LE BIZUTAGE SEXY.
HOUUU ! J'AI SI CHAUD ! ET PERSONNE POUR ME FROTTER LE DOS...
LE BIZUTAGE INTELLECTUEL.
BLABLABLABLABLABLABLA
ALLEZ, VISONNAGE DE LA SAISON COMPLÈTE DES ANGES DE LA TÉLÉRÉALITÉ ! FERMEZ LES PORTES QU'ON NE L'ENTENDE PAS CRIER !
LE BIZUTAGE HYBRIDE : GASTRONOMICO-SEXY-INTELLO-MÉDICAL.
VIENS VOIR ÇA ! ILS PRENNENT CHER LES BIZUTS CETTE ANNÉE !
AAAARGH!!!
SPLOTCH!!
BZZIIIT!
SFLUITCH!
CERTAINES IMAGES SONT TELLEMENT INSOUTENABLES QU'ELLES NE PEUVENT ÊTRE NI MONTRÉES NI DESSINÉES !
LE BIZUTAGE EST NORMALEMENT ILLÉGAL EN FRANCE, PASSIBLE DE 6 MOIS DE PRISON...
MAIS NOUS, ON N'EST PAS LÀ POUR JUGER ET PUIS ON N'EST PAS DE LA POLICE !

L'ÉTUDIANT AU TRAVAIL
CHANGEMENT DE RYTHME, FINI LES ANNÉES LYCÉE, MAINTENANT, C'EST : BOULOT, BOULOT, BOULOT !
VOICI QUELQUES RÈGLES À ADOPTER.
RÈGLE N° 1 : ATTAQUER DE SUITE.
OUAIS, BON ! JE VIENS DE ME FAIRE BIZUTER SUR DEUX PAGES, LÀ !
JE NE PEUX PAS SOUFFLER CINQ MINUTES ?!
NON, ON A DIT DE SUITE !
RÈGLE N° 2 : ORGANISER SON TRAVAIL.
HUMM... ON VA COMMENCER PAR UN TRUC SIMPLE...
LES STYLOS BLEUS ENSEMBLE... LES ROUGES AVEC LES ROUGES...
RÈGLE N° 3 : UN MAXIMUM D'ATTENTION EN COURS...
CLIC!
... VOUS FERA GAGNER DU TEMPS À LA MAISON.
HI ! HI ! HI ! HI ! HI !
HEU... ON PARLAIT DU TRAVAIL, BIEN SÛR !
RÈGLE N° 4 : ÉVITER LES TENTATIONS.
VADE RETRO PLAYSTATION !
PSBOX-12
PXBOX-12
RÈGLE N° 5 : NE JAMAIS SE LAISSER DÉBORDER EN GÉRANT SON TRAVAIL AU QUOTIDIEN.
ALLEZ, MERDE, JUSTE UNE PETITE PARTIE, QUOI !...
NON ! NON ! NON ! TU AS PROMIS !
PSBOX-12
ENFIN, RÈGLE N° 6 : NE PAS ATTENDRE LA VEILLE DES EXAMENS POUR RÉVISER !
ARHHHH ! J'EN PEUX PLUS !
ON N'A QU'UNE VIE, MERDE ! LES RÉVISIONS, CE SERA POUR DEMAIN !
TIP! TIP!
ZOUIIP !
EXEMPLE À NE PAS SUIVRE, VOUS L'AUREZ COMPRIS !
SI, ET SEULEMENT SI, VOUS AVEZ SUIVI TOUS CES CONSEILS, VOUS AVEZ LE DROIT MAINTENANT À UN PEU DE RÉPIT ET DE DÉTENTE...
À MOINS QUE VOUS NE SOYEZ DEVENU ADDICT AU TRAVAIL ?...
MAIS PERMETTEZ-NOUS D'EN DOUTER !

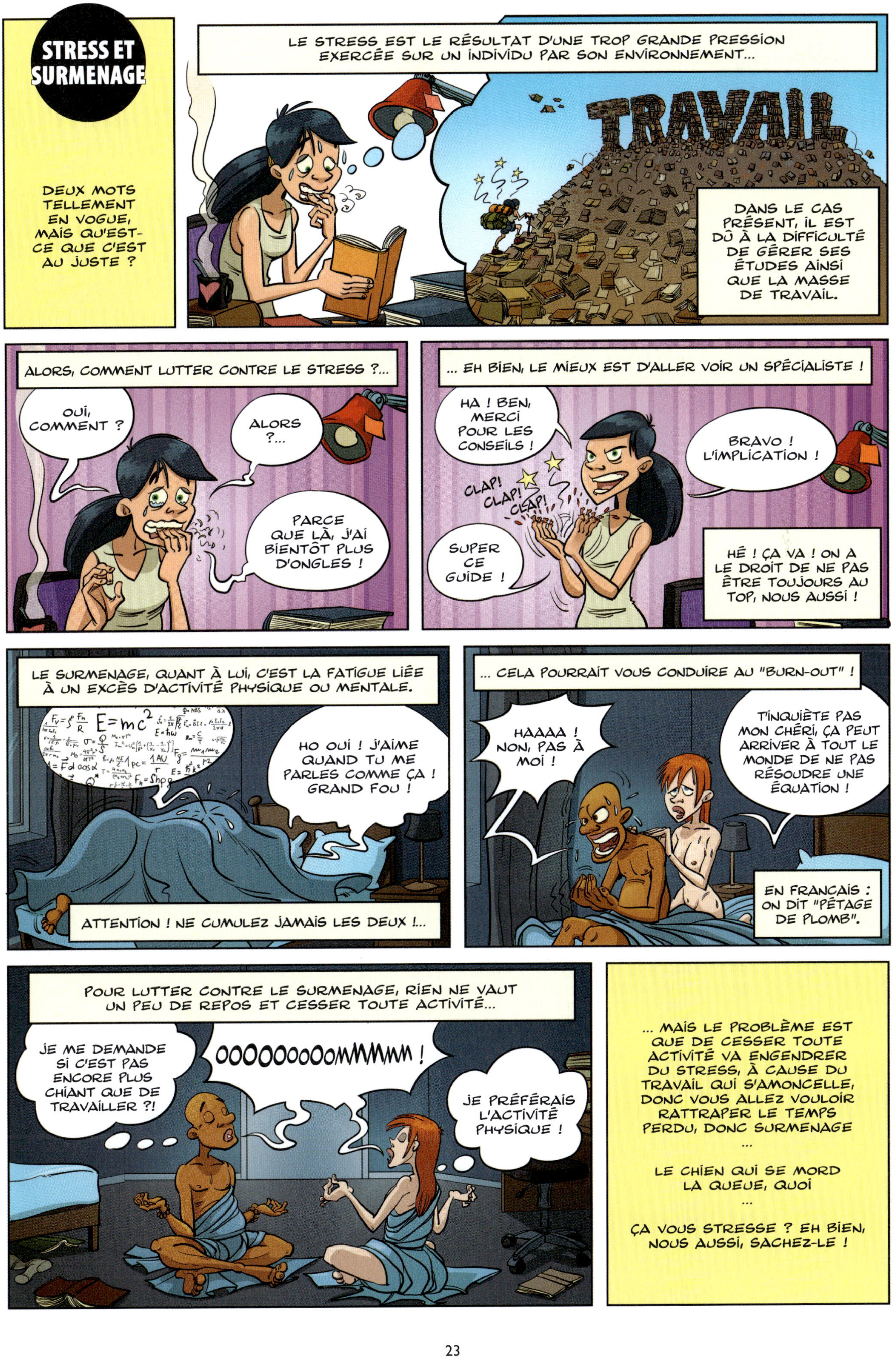
STRESS ET SURMENAGE
DEUX MOTS TELLEMENT EN VOGUE, MAIS QU'EST-CE QUE C'EST AU JUSTE ?
LE STRESS EST LE RÉSULTAT D'UNE TROP GRANDE PRESSION EXERCÉE SUR UN INDIVIDU PAR SON ENVIRONNEMENT...
TRAVAIL
DANS LE CAS PRÉSENT, IL EST DÛ À LA DIFFICULTÉ DE GÉRER SES ÉTUDES AINSI QUE LA MASSE DE TRAVAIL.
ALORS, COMMENT LUTTER CONTRE LE STRESS ?...
OUI, COMMENT ?
ALORS ?...
PARCE QUE LÀ, J'AI BIENTÔT PLUS D'ONGLES !
... EH BIEN, LE MIEUX EST D'ALLER VOIR UN SPÉCIALISTE !
HA ! BEN, MERCI POUR LES CONSEILS !
BRAVO ! L'IMPLICATION !
CLAP! CLAP! CLAP!
SUPER CE GUIDE !
HÉ ! ÇA VA ! ON A LE DROIT DE NE PAS ÊTRE TOUJOURS AU TOP, NOUS AUSSI !
LE SURMENAGE, QUANT À LUI, C'EST LA FATIGUE LIÉE À UN EXCÈS D'ACTIVITÉ PHYSIQUE OU MENTALE.
E=mc2
HO OUI ! J'AIME QUAND TU ME PARLES COMME ÇA ! GRAND FOU !
ATTENTION ! NE CUMULEZ JAMAIS LES DEUX !...
... CELA POURRAIT VOUS CONDUIRE AU "BURN-OUT" !
HAAAA ! NON, PAS À MOI !
T'INQUIÈTE PAS MON CHÉRI, ÇA PEUT ARRIVER À TOUT LE MONDE DE NE PAS RÉSOUDRE UNE ÉQUATION !
EN FRANÇAIS : ON DIT "PÉTAGE DE PLOMB".
POUR LUTTER CONTRE LE SURMENAGE, RIEN NE VAUT UN PEU DE REPOS ET CESSER TOUTE ACTIVITÉ...
JE ME DEMANDE SI C'EST PAS ENCORE PLUS CHIANT QUE DE TRAVAILLER ?!
OOOOOOOOOMMMMM !
JE PRÉFÉRAIS L'ACTIVITÉ PHYSIQUE !
... MAIS LE PROBLÈME EST QUE DE CESSER TOUTE ACTIVITÉ VA ENGENDRER DU STRESS, À CAUSE DU TRAVAIL QUI S'AMONCELLE, DONC VOUS ALLEZ VOULOIR RATTRAPER LE TEMPS PERDU, DONC SURMENAGE ...
LE CHIEN QUI SE MORD LA QUEUE, QUOI ...
ÇA VOUS STRESSE ? EH BIEN, NOUS AUSSI, SACHEZ-LE !

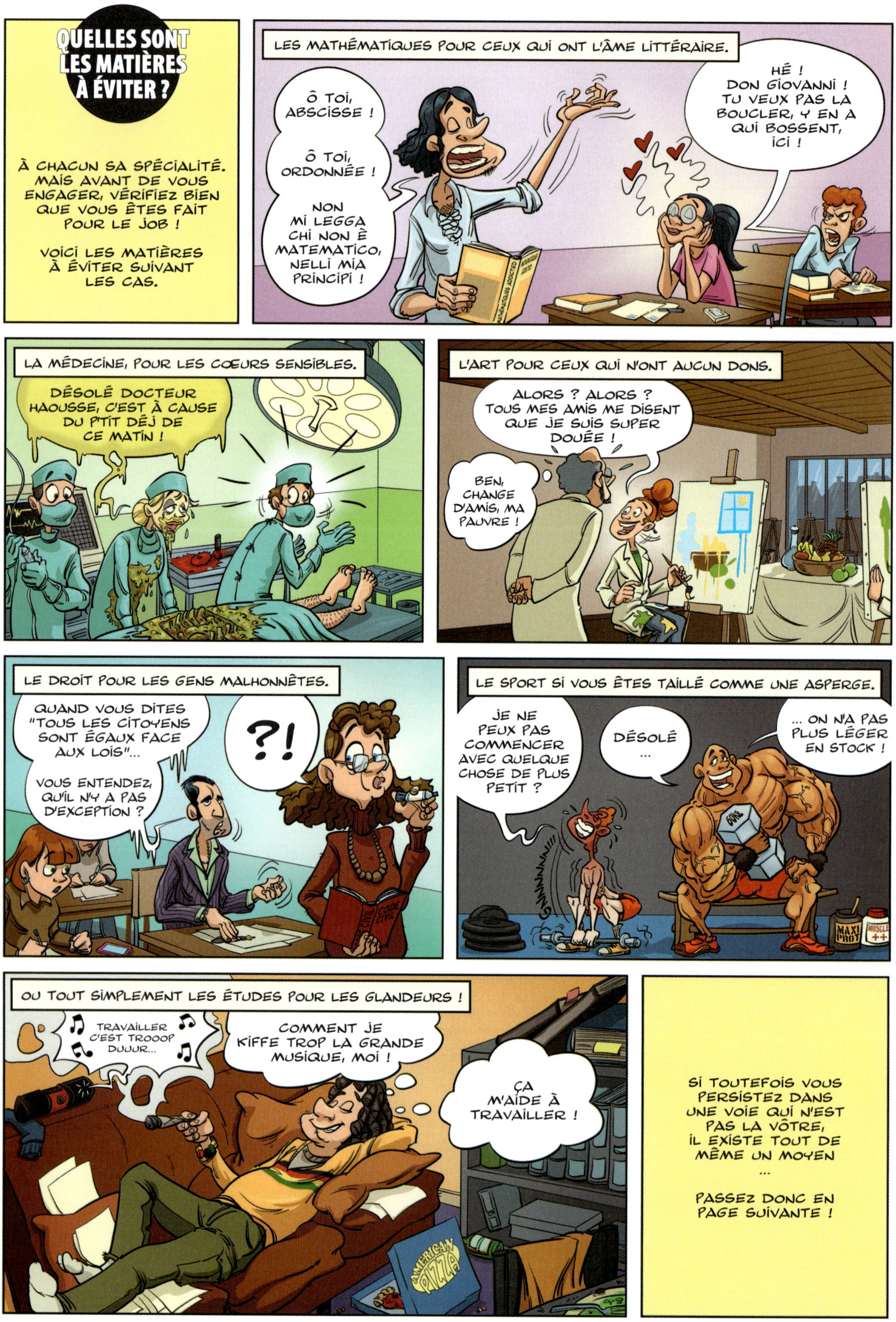

QUELLES SONT LES MATIÈRES À ÉVITER ?
À CHACUN SA SPÉCIALITÉ. MAIS AVANT DE VOUS ENGAGER, VÉRIFIEZ BIEN QUE VOUS ÊTES FAIT POUR LE JOB !
VOICI LES MATIÈRES À ÉVITER SUIVANT LES CAS.
LES MATHÉMATIQUES POUR CEUX QUI ONT L'ÂME LITTÉRAIRE.
Ô TOI, ABSCISSE !
Ô TOI, ORDONNÉE !
NON MI LEGGA CHI NON È MATEMATICO, NELLI MIA PRINCIPI !
HÉ ! DON GIOVANNI ! TU VEUX PAS LA BOUCLER, Y EN A QUI BOSSENT, ICI !
LA MÉDECINE, POUR LES COEURS SENSIBLES.
DÉSOLÉ DOCTEUR HAOUSSE, C'EST À CAUSE DU P'TIT DÉJ DE CE MATIN !
L'ART POUR CEUX QUI N'ONT AUCUN DONS.
ALORS ? ALORS ? TOUS MES AMIS ME DISENT QUE JE SUIS SUPER DOUÉE !
BEN, CHANGE D'AMIS, MA PAUVRE !
LE DROIT POUR LES GENS MALHONNÊTES.
QUAND VOUS DITES "TOUS LES CITOYENS SONT ÉGAUX FACE AUX LOIS"...
VOUS ENTENDEZ, QU'IL N'Y A PAS D'EXCEPTION ?
?!
LE SPORT SI VOUS ÊTES TAILLÉ COMME UNE ASPERGE.
JE NE PEUX PAS COMMENCER AVEC QUELQUE CHOSE DE PLUS PETIT ?
DÉSOLÉ ...
... ON N'A PAS PLUS LÉGER EN STOCK !
GNNNNNNN
OU TOUT SIMPLEMENT LES ÉTUDES POUR LES GLANDEURS !
TRAVAILLER C'EST TROOOP DUUUR...
COMMENT JE KIFFE TROP LA GRANDE MUSIQUE, MOI !
ÇA M'AIDE À TRAVAILLER !
SI TOUTEFOIS VOUS PERSISTEZ DANS UNE VOIE QUI N'EST PAS LA VÔTRE, IL EXISTE TOUT DE MÊME UN MOYEN ...
PASSEZ DONC EN PAGE SUIVANTE !

COMMENT BIEN TRICHER ?
EN PRINCIPE, VOUS NE DEVRIEZ PAS LIRE CETTE PAGE, MAIS COMME NOUS NE SOMMES PAS LÀ POUR VOUS FAIRE LA MORALE
...
LIBRE À VOUS DE LA SAUTER !
IL EXISTE DIFFÉRENTS PROFILS DE TRICHEURS...
LE STRESSÉ.
LE DÉCOMPLEXÉ.
LE PRO.
TOUS ONT UN BUT COMMUN : RÉUSSIR SANS SE FOULER !
VOICI QUELQUES CONSEILS POUR VOUS FACILITER LA TRICHE.
1 BIEN PRÉPARER SON MATÉRIEL.
2 S'ENTRAÎNER CHEZ SOI.
3 APPRENDRE À ACCEPTER LE RISQUE.
BAOUM!
BOUM!
ÇA VA PASSER ! ÇA VA PASSER !
BAOUM!
PARTIEL
4 CONSULTER RÉGULIÈREMENT WWW.MONTRICHEUR.COM POUR ÊTRE À JOUR.
LA VACHE ! C'EST BON, ÇA !
montricheur.com
LE DOSSIER DU MOIS
Apprenez à tricher avec vos pieds
5 ET ENFIN : SE LANCER !
ET CELA, QUELS QU'EN SOIENT LES RISQUES !
SI VOUS LISEZ CES LIGNES, C'EST QUE VOUS AVEZ DÉCIDÉ DE NE PAS SAUTER CETTE PAGE ET DONC QUE VOUS AVEZ UNE CERTAINE PROPENSION À LA TRICHE
...
ON NE VOUS FÉLICITE PAS !

QU'EST-CE QU'UN BDE ?
BOULOT, DICO, EXAM ? PAS TOUT À FAIT, ON POURRAIT MÊME DIRE QUE C'EST L'INVERSE !
IL S'AGIT DU BUREAU DES ÉTUDIANTS, CHARGÉ EN PRINCIPE DE RENDRE VOTRE ANNÉE FESTIVE.
C'EST UNE ASSOCIATION D'ÉTUDIANTS QUI S'OCCUPE DE LA VIE DE SES ACOLYTES...
WHAOU ! TROP BIEN CE BUREAU DES ÉTUDIANTS !
C'EST DU CHÊNE ?
"ACOLYTE", ÇA A BIEN UN RAPPORT AVEC L'ALCOOL, NON ?!
HUM... PETITE VÉRIFICATION TOUT DE MÊME...
Petit ROBERT
IL PEUT S'OCCUPER D'ORGANISER PAR EXEMPLE : LES FÊTES ÉTUDIANTES...
ET PUIS ON FERA UNE SUPER BOUM AVEC DES CHIPS ET DU COCA !
LES VOYAGES EXTRA-SCOLAIRES...
BAH OUI, LES SEYCHELLES, ÇA N'A JAMAIS ÉTÉ DONNÉ !
OUAIS, MAIS LÀ, QUAND MÊME...
OU ENCORE, DE L'INTÉGRATION DES ÉLÈVES.
JE L'AIME PAS, LUI ! VOUS ALLEZ ME LE BIZUTER SÉVÈRE !
BDE
LES MEMBRES DU BDE SONT ÉLUS DÉMOCRATIQUEMENT.
A VOTÉ !
OK ! OK ! CELUI-LÀ... POUBELLE !
CES DERNIERS ÉLISENT À LEUR TOUR UN PRÉSIDENT...
ÇA FAIT 6 MOIS QU'ON EST RENTRÉS, ET PAS UNE SOIRÉE ! ON T'A PAS ÉLU POUR RIEN FOUTRE !
OUAIS HO, C'EST BON ! Y A PAS MARQUÉ PÈRE NOËL, LÀ !
TOC! TOC!
CRAC!
QUI EN ASSURERA LA BONNE IMAGE...
VAS-Y, DIS-NOUS CE QUE TU AS FAIT DE L'ARGENT DE NOS COTISATIONS !
MAIS... MAIS RIEN ! QU'ALLEZ-VOUS IMAGINER ?
CLIC!
TUTUIT!!
VOIRE EN FAIRE SA PROMOTION !
ÉCOLE DE MERDE !
TU FAS FOIR LA RÉPUT QUE JE FAIS TE FAIRE SUR LE NET !
VOUS L'AUREZ COMPRIS, UN BON PRÉSIDENT DE BDE DEVRA ÊTRE QUELQU'UN DE RESPONSABLE, DE MESURÉ ET SURTOUT D'HONNÊTE
...
SI VOUS CHOISISSEZ MAL, BONJOUR L'ANNÉE POURRIE QUE VOUS ALLEZ PASSER !

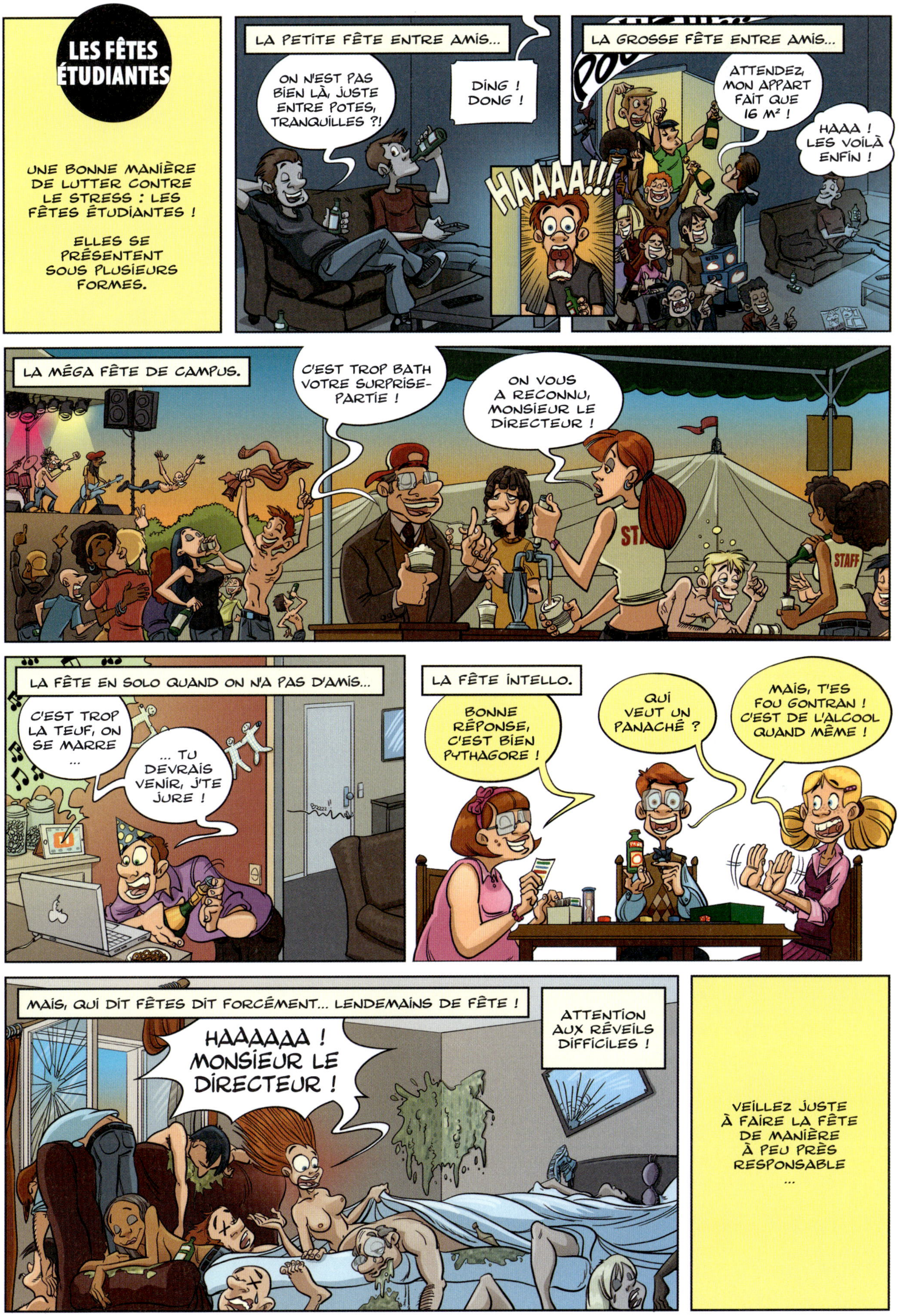
LES FÊTES ÉTUDIANTES
UNE BONNE MANIÈRE DE LUTTER CONTRE LE STRESS : LES FÊTES ÉTUDIANTES !
ELLES SE PRÉSENTENT SOUS PLUSIEURS FORMES.
LA PETITE FÊTE ENTRE AMIS...
ON N'EST PAS BIEN LÀ, JUSTE ENTRE POTES, TRANQUILLES ?!
DING ! DONG !
LA GROSSE FÊTE ENTRE AMIS...
HAAAA!!!
ATTENDEZ, MON APPART FAIT QUE 16 M² !
HAAA ! LES VOILÀ ENFIN !
LA MÉGA FÊTE DE CAMPUS.
C'EST TROP BATH VOTRE SURPRISE-PARTIE !
ON VOUS A RECONNU, MONSIEUR LE DIRECTEUR !
STAFF
LA FÊTE EN SOLO QUAND ON N'A PAS D'AMIS...
C'EST TROP LA TEUF, ON SE MARRE ...
... TU DEVRAIS VENIR, J'TE JURE !
LA FÊTE INTELLO.
BONNE RÉPONSE, C'EST BIEN PYTHAGORE !
QUI VEUT UN PANACHÉ ?
MAIS, T'ES FOU GONTRAN ! C'EST DE L'ALCOOL QUAND MÊME !
MAIS, QUI DIT FÊTES DIT FORCÉMENT... LENDEMAINS DE FÊTE !
ATTENTION AUX RÉVEILS DIFFICILES !
HAAAAAA ! MONSIEUR LE DIRECTEUR !
VEILLEZ JUSTE À FAIRE LA FÊTE DE MANIÈRE À PEU PRÈS RESPONSABLE ...

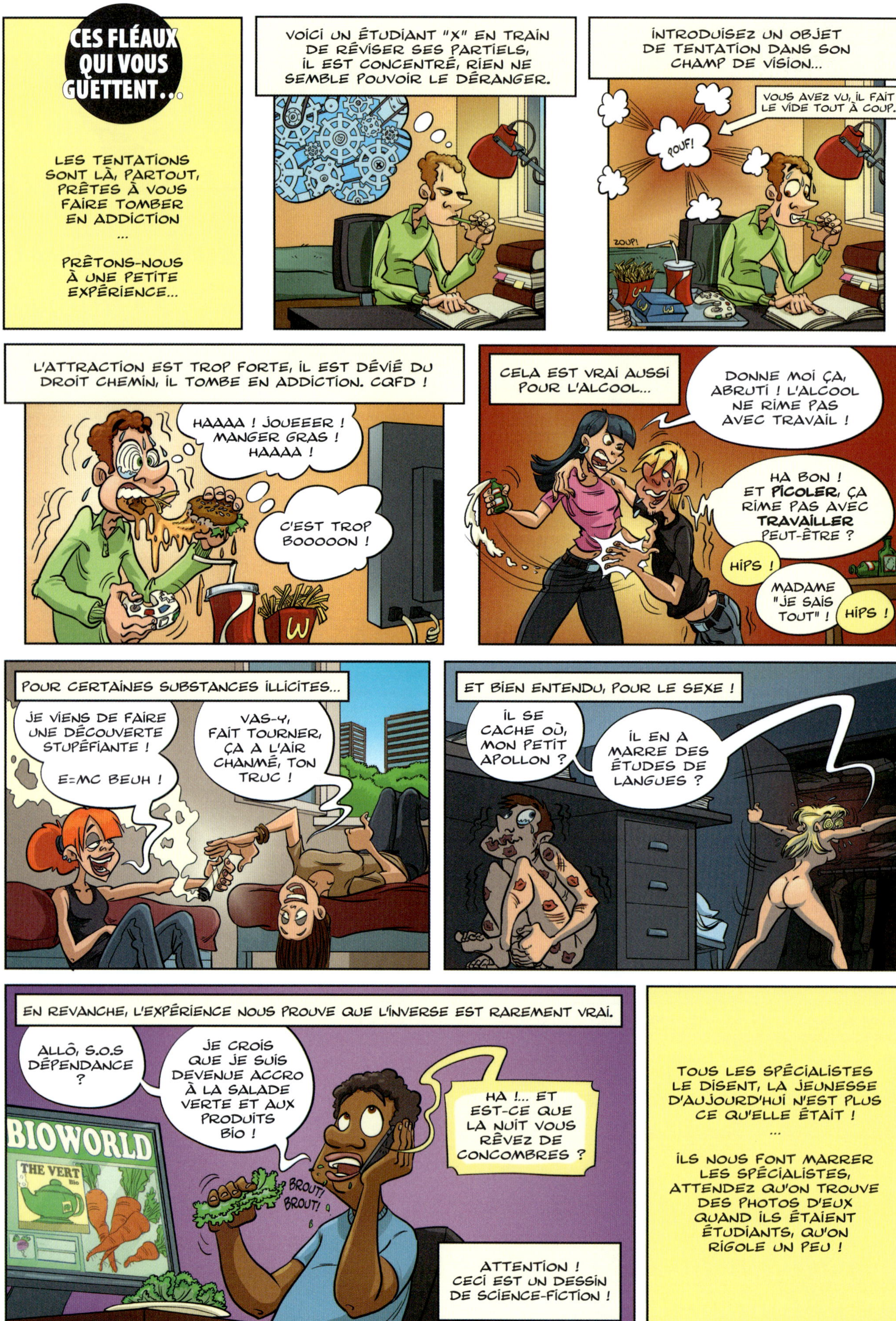
CES FLÉAUX QUI VOUS GUETTENT...
LES TENTATIONS SONT LÀ, PARTOUT, PRÊTES À VOUS FAIRE TOMBER EN ADDICTION ... PRÊTONS-NOUS À UNE PETITE EXPÉRIENCE...
VOICI UN ÉTUDIANT "X" EN TRAIN DE RÉVISER SES PARTIELS, IL EST CONCENTRÉ, RIEN NE SEMBLE POUVOIR LE DÉRANGER.
INTRODUISEZ UN OBJET DE TENTATION DANS SON CHAMP DE VISION...
VOUS AVEZ VU, IL FAIT LE VIDE TOUT À COUP.
POUF!
ZOUP!
L'ATTRACTION EST TROP FORTE, IL EST DÉVIÉ DU DROIT CHEMIN, IL TOMBE EN ADDICTION. CQFD !
HAAAA ! JOUEEER ! MANGER GRAS ! HAAAA !
C'EST TROP BOOOOON !
CELA EST VRAI AUSSI POUR L'ALCOOL...
DONNE MOI ÇA, ABRUTI ! L'ALCOOL NE RIME PAS AVEC TRAVAIL !
HA BON ! ET PICOLER, ÇA RIME PAS AVEC TRAVAILLER PEUT-ÊTRE ?
HIPS !
MADAME "JE SAIS TOUT" !
HIPS !
POUR CERTAINES SUBSTANCES ILLICITES...
JE VIENS DE FAIRE UNE DÉCOUVERTE STUPÉFIANTE ! E=MC BEUH !
VAS-Y, FAIT TOURNER, ÇA A L'AIR CHANMÉ, TON TRUC !
ET BIEN ENTENDU, POUR LE SEXE !
IL SE CACHE OÙ, MON PETIT APOLLON ?
IL EN A MARRE DES ÉTUDES DE LANGUES ?
EN REVANCHE, L'EXPÉRIENCE NOUS PROUVE QUE L'INVERSE EST RAREMENT VRAI.
ALLÔ, S.O.S DÉPENDANCE ?
JE CROIS QUE JE SUIS DEVENUE ACCRO À LA SALADE VERTE ET AUX PRODUITS BIO !
HA !... ET EST-CE QUE LA NUIT VOUS RÊVEZ DE CONCOMBRES ?
BIOWORLD
THE VERT
BROUT! BROUT!
ATTENTION ! CECI EST UN DESSIN DE SCIENCE-FICTION !
TOUS LES SPÉCIALISTES LE DISENT, LA JEUNESSE D'AUJOURD'HUI N'EST PLUS CE QU'ELLE ÉTAIT ! ... ILS NOUS FONT MARRER LES SPÉCIALISTES, ATTENDEZ QU'ON TROUVE DES PHOTOS D'EUX QUAND ILS ÉTAIENT ÉTUDIANTS, QU'ON RIGOLE UN PEU !

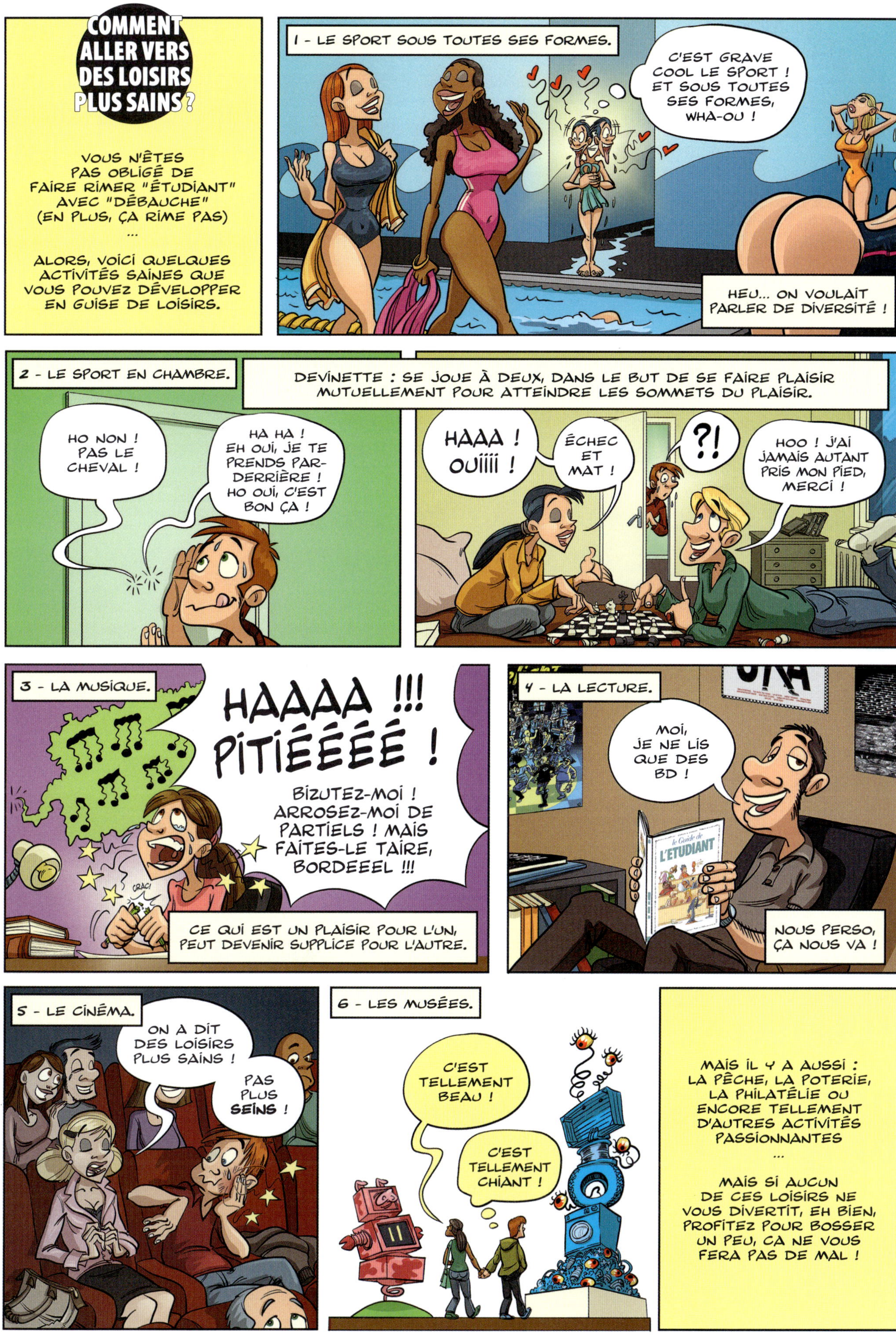
COMMENT ALLER VERS DES LOISIRS PLUS SAINS ?
VOUS N'ÊTES PAS OBLIGÉ DE FAIRE RIMER "ÉTUDIANT" AVEC "DÉBAUCHE" (EN PLUS, ÇA RIME PAS) ...
ALORS, VOICI QUELQUES ACTIVITÉS SAINES QUE VOUS POUVEZ DÉVELOPPER EN GUISE DE LOISIRS.
1 - LE SPORT SOUS TOUTES SES FORMES.
C'EST GRAVE COOL LE SPORT ! ET SOUS TOUTES SES FORMES, WHA-OU !
HEU... ON VOULAIT PARLER DE DIVERSITÉ !
2 - LE SPORT EN CHAMBRE.
HO NON ! PAS LE CHEVAL !
HA HA ! EH OUI, JE TE PRENDS PAR-DERRIÈRE ! HO OUI, C'EST BON ÇA !
DEVINETTE : SE JOUE À DEUX, DANS LE BUT DE SE FAIRE PLAISIR MUTUELLEMENT POUR ATTEINDRE LES SOMMETS DU PLAISIR.
HAAA ! OUIIII !
ÉCHEC ET MAT !
?!
HOO ! J'AI JAMAIS AUTANT PRIS MON PIED, MERCI !
3 - LA MUSIQUE.
HAAAA !!! PITIÉÉÉÉ !
BIZUTEZ-MOI ! ARROSEZ-MOI DE PARTIELS ! MAIS FAITES-LE TAIRE, BORDEEEL !!!
CRAC!
CE QUI EST UN PLAISIR POUR L'UN, PEUT DEVENIR SUPPLICE POUR L'AUTRE.
4 - LA LECTURE.
MOI, JE NE LIS QUE DES BD !
le Guide de L'ÉTUDIANT
NOUS PERSO, ÇA NOUS VA !
5 - LE CINÉMA.
ON A DIT DES LOISIRS PLUS SAINS !
PAS PLUS SEINS !
6 - LES MUSÉES.
C'EST TELLEMENT BEAU !
C'EST TELLEMENT CHIANT !
MAIS IL Y A AUSSI : LA PÊCHE, LA POTERIE, LA PHILATÉLIE OU ENCORE TELLEMENT D'AUTRES ACTIVITÉS PASSIONNANTES ...
MAIS SI AUCUN DE CES LOISIRS NE VOUS DIVERTIT, EH BIEN, PROFITEZ POUR BOSSER UN PEU, CA NE VOUS FERA PAS DE MAL !

LA SEXUALITÉ CHEZ L'ÉTUDIANT
VOUS AUREZ REMARQUÉ QUE LA SEXUALITÉ EST UN THÈME QUI EST SOUVENT SOUS-JACENT DANS CE GUIDE, POUR QUELLE RAISON ?
PRATIQUANT CERTES, MAIS ENCORE PEU EXPÉRIMENTÉ, L'ÉTUDIANT EST ENCORE À L'AUBE DE SA SEXUALITÉ.
PENSER AU FOOT ! PENSER AU FOOT ! ET MEEERDE !...
BUUUUUT !
?!
VOIRE POUR CERTAINS, UN PEU AVANT L'AUBE.
HOU ! HOU ! NON, J'OSE PAS TOUCHER !
MAIS VAS-Y, PURÉÉÉÉ !!!
OU VOIRE MÊME, POUR D'AUTRES, ENCORE À L'ÂGE DE PIERRE... À LA DÉCOUVERTE DE SES PROPRES OUTILS.
HÉ, JULIEN, JE VIENS DE DÉCOUVRIR UN TRUC GÉNIAL QUE JE POUVAIS FAIRE AVEC MA...
HA HA HA ! TOI, T'AS DÉCOUVERT TOUTES LES FONCTIONNALITÉS DE TA NOUVELLE CONSOLE !
DANS TOUS LES CAS, IL EST INSATIABLE !
ÇA FAIT 15 MIN QU'ON L'A PAS FAIT, J'EN POUVAIS PLUS !
... NE VA PLUS JAMAIS ACHETER LE PAIN !
MAIS, MÊME SI ELLE PEUT CONTRARIER LES ÉTUDES...
SEX ! SEX ! SEX ! SEX ! SEX ! SEX ! SEX ! SEX ! SEX ! SEX ! SEX ! SEX ! SEX ! SEX ! SEX ! SEX ! SEX !
PLATON L'ALLÉGORIE de la CAVERNE
ARCHIMÈDE THÉORÈMES et APPLICATIONS
ON EST OBLIGÉ DE CONSIDÉRER LA SEXUALITÉ COMME UN ÉLÉMENT INHÉRENT À CELLES-CI...
DANS UNE DEMEURE SOUTERRAINE, EN FORME DE CAVEEEEERNE... HAAAA !
TOUT CORPS PLONGÉ DANS UN FLUIDE AU REPOOOOS... ENTIÈREMENT MOUILLÉ PAR CELUI-CIIII... OU TRAVERSANT SA SURFACE LIBRE, SUBIT UNE FORCE VERTICAAAALE !!!
PLATON L'ALLÉGORIE de la CAVERNE
... IL FAUT DONC COMPOSER ET CONCILIER LES DEUX... PUISQU'IL N'EST PAS QUESTION DE S'EN PRIVER !
ON SENT QUE CETTE THÉMATIQUE VOUS PASSIONNE ... ALORS, ÇA MÉRITE BIEN UNE DEUXIÈME PAGE SUR LE SUJET, NON ?!

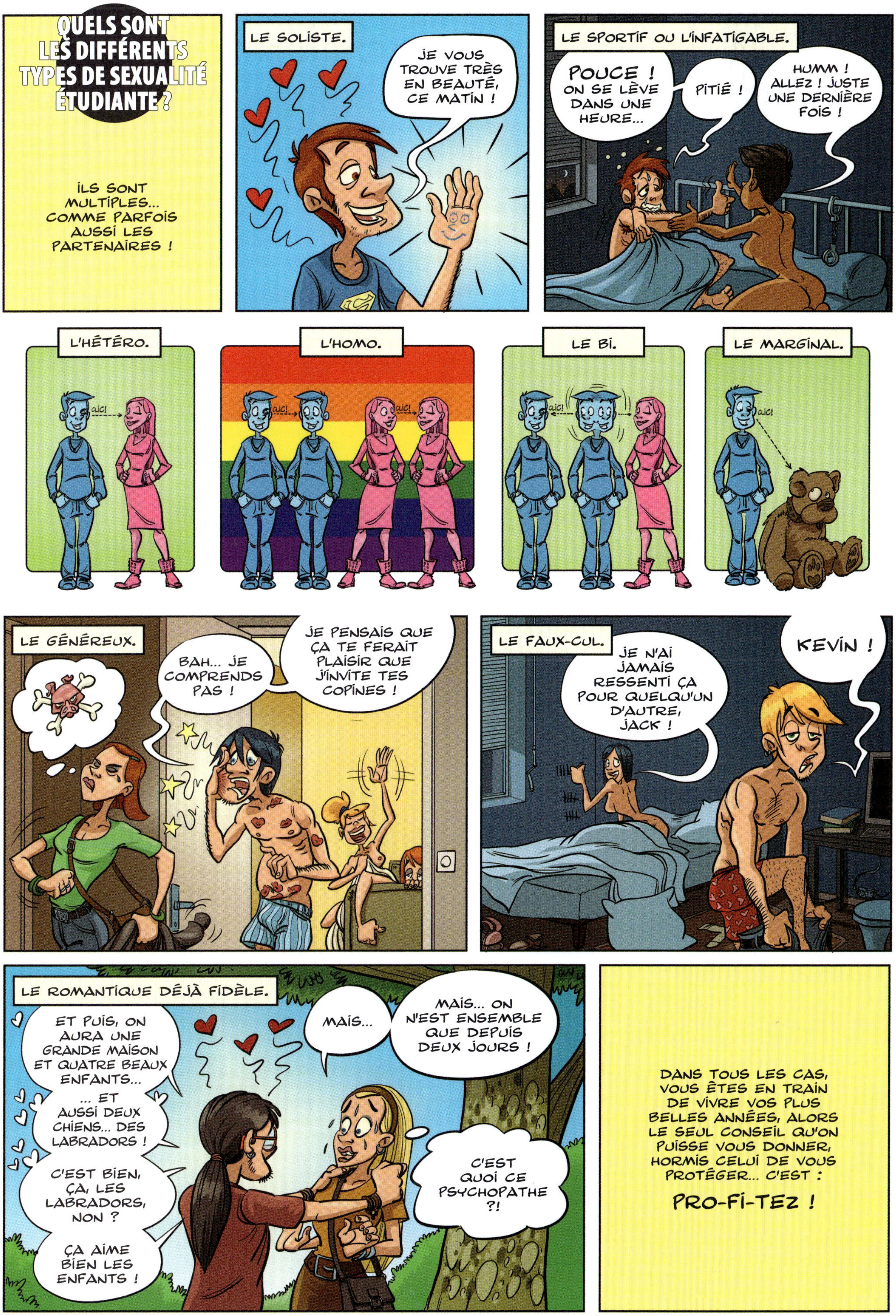
QUELS SONT LES DIFFÉRENTS TYPES DE SEXUALITÉ ÉTUDIANTE ?
ILS SONT MULTIPLES... COMME PARFOIS AUSSI LES PARTENAIRES !
LE SOLISTE.
JE VOUS TROUVE TRÈS EN BEAUTÉ, CE MATIN !
LE SPORTIF OU L'INFATIGABLE.
POUCE ! ON SE LÈVE DANS UNE HEURE...
PITIÉ !
HUMM ! ALLEZ ! JUSTE UNE DERNIÈRE FOIS !
L'HÉTÉRO.
L'HOMO.
LE BI.
LE MARGINAL.
LE GÉNÉREUX.
BAH... JE COMPRENDS PAS !
JE PENSAIS QUE ÇA TE FERAIT PLAISIR QUE J'INVITE TES COPINES !
LE FAUX-CUL.
JE N'AI JAMAIS RESSENTI ÇA POUR QUELQU'UN D'AUTRE, JACK !
KEVIN !
LE ROMANTIQUE DÉJÀ FIDÈLE.
ET PUIS, ON AURA UNE GRANDE MAISON ET QUATRE BEAUX ENFANTS...
... ET AUSSI DEUX CHIENS... DES LABRADORS !
C'EST BIEN, ÇA, LES LABRADORS, NON ?
ÇA AIME BIEN LES ENFANTS !
MAIS...
MAIS... ON N'EST ENSEMBLE QUE DEPUIS DEUX JOURS !
C'EST QUOI CE PSYCHOPATHE ?!
DANS TOUS LES CAS, VOUS ÊTES EN TRAIN DE VIVRE VOS PLUS BELLES ANNÉES, ALORS LE SEUL CONSEIL QU'ON PUISSE VOUS DONNER, HORMIS CELUI DE VOUS PROTÉGER... C'EST :
PRO-FI-TEZ !

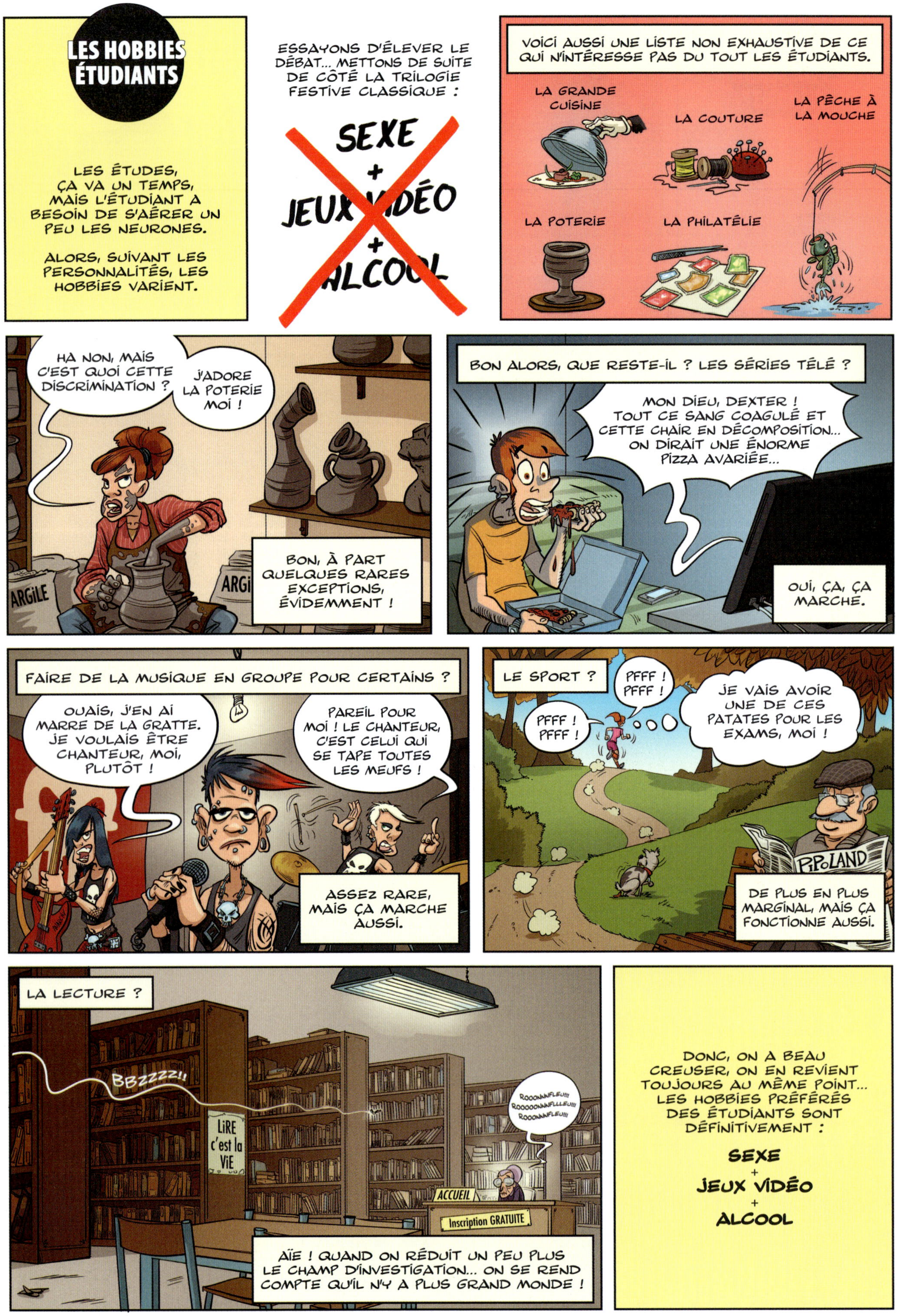
LES HOBBIES ÉTUDIANTS
LES ÉTUDES, ÇA VA UN TEMPS, MAIS L'ÉTUDIANT A BESOIN DE S'AÉRER UN PEU LES NEURONES.
ALORS, SUIVANT LES PERSONNALITÉS, LES HOBBIES VARIENT.
ESSAYONS D'ÉLEVER LE DÉBAT... METTONS DE SUITE DE CÔTÉ LA TRILOGIE FESTIVE CLASSIQUE :
SEXE + JEUX VIDÉO + ALCOOL
VOICI AUSSI UNE LISTE NON EXHAUSTIVE DE CE QUI N'INTÉRESSE PAS DU TOUT LES ÉTUDIANTS.
LA GRANDE CUISINE
LA COUTURE
LA PÊCHE À LA MOUCHE
LA POTERIE
LA PHILATÉLIE
HA NON, MAIS C'EST QUOI CETTE DISCRIMINATION ?
J'ADORE LA POTERIE MOI !
ARGILE
ARGI
BON, À PART QUELQUES RARES EXCEPTIONS, ÉVIDEMMENT !
BON ALORS, QUE RESTE-IL ? LES SÉRIES TÉLÉ ?
MON DIEU, DEXTER ! TOUT CE SANG COAGULÉ ET CETTE CHAIR EN DÉCOMPOSITION... ON DIRAIT UNE ÉNORME PIZZA AVARIÉE...
OUI, ÇA, ÇA MARCHE.
FAIRE DE LA MUSIQUE EN GROUPE POUR CERTAINS ?
OUAIS, J'EN AI MARRE DE LA GRATTE. JE VOULAIS ÊTRE CHANTEUR, MOI, PLUTÔT !
PAREIL POUR MOI ! LE CHANTEUR, C'EST CELUI QUI SE TAPE TOUTES LES MEUFS !
ASSEZ RARE, MAIS ÇA MARCHE AUSSI.
LE SPORT ?
PFFF ! PFFF !
PFFF ! PFFF !
JE VAIS AVOIR UNE DE CES PATATES POUR LES EXAMS, MOI !
PIPOLAND
DE PLUS EN PLUS MARGINAL, MAIS ÇA FONCTIONNE AUSSI.
LA LECTURE ?
BBZZZZ!!
LIRE c'est la ViE
ROOOONNNFLEU!!!
ROOOOOONNNFLLLEU!!!
ROOOONNNFLEU!!!
ACCUEIL
Inscription GRATUITE
AÏE ! QUAND ON RÉDUIT UN PEU PLUS LE CHAMP D'INVESTIGATION... ON SE REND COMPTE QU'IL N'Y A PLUS GRAND MONDE !
DONC, ON A BEAU CREUSER, ON EN REVIENT TOUJOURS AU MÊME POINT... LES HOBBIES PRÉFÉRÉS DES ÉTUDIANTS SONT DÉFINITIVEMENT :
SEXE + JEUX VIDÉO + ALCOOL

ALORS, QU'EN EST-IL DES SORTIES EN GROUPE ?
OÙ A-T-ON LE PLUS DE CHANCES DE CROISER UN GROUPE D'ÉTUDIANTS ?
LIBRAIRIE GÉNÉRALISTE : NON.
C'EST POUR FAIRE UN CADEAU À MON PETIT-FILS...
HUMM... A-T-IL LU ZOLA ?
LIBRAIRIE BD OU SPÉCIALISÉE JEUX DE PLATEAU : OUI.
QU'EST-CE QUE TU ME CONSEILLES POUR MA GRAND-MÈRE ?
HEU... LE GUIDE DE LA RETRAITE !
PROFS
NOUVEAUTÉ
POINT CONSEIL
DERNIER FILM MOLDAVE "DU RUTABAGA POUR LES FÊTES" : NON.
DERNIER FILM AMÉRICAIN "FAST, FUCK AND FURIOUS 3" : OUI.
BAOUM!
BAOUM!
PAM! PAM! PAM!
TAKATA KATAK!!
BAOUM!
À L'OPÉRA : NON.
IL ÉTAIT EN-FANT DE BOHÈME !!!
ROOOOOONFFFFLLLLEEEEUUU!!!
AU CONCERT DES DAFT POUNK : OUI.
BOUM! BOUM! BOUM! BOUM!
WE'RE UP ALL NIGHT TO GET LUCKY !!!
DAFT POUNK
DANS UN SALON DE THÉ : NON.
DEUX THÉS EARL GREY AVEC UN SOUPÇON DE LAIT...
S'IL VOUS PLAÎT !
AU TROQUET OU EN BOÎTE DE NUIT : OUI.
DEUX RED BOUL WHISKY... AVEC UNE MONTAGNE DE WHISKY...
STEUPLÉ !
CHLIKA!! CHLIKA!!
EN RÉSUMÉ, S'IL POUVAIT Y AVOIR UN CURSUS SPÉCIAL TEUF AVEC MENTION BITURE, LES UNIVERSITÉS SERAIENT PLEINES !

QU'EST-CE QU'UN SYNDICAT ÉTUDIANT ?
ON POURRAIT SE DIRE QU'UN ÉTUDIANT, C'EST LIBRE ET SANS CONTRAINTES ...
ALORS, POURQUOI A-T-IL BESOIN, DANS CERTAINS CAS, DE SE SYNDIQUER ?
POUR REVENDIQUER DES CHOSES...
POURQUOI TU VEUX TE SYNDIQUER ?
MAIS ENFIN, QUE REVENDIQUES-TU ?
DES CHOSES !
BASÉES SUR UNE VOLONTÉ DE CHANGEMENT.
HA OUI ! ET POUR CHANGER QUOI ?
DES CHOSES !
POUR SE PROTÉGER MUTUELLEMENT ENTRE ÉTUDIANTS...
BOUHOUHOU !
C'EST LA GALÈRE !
HEIN ? QUOI ? QU'EST-CE QUI SE PASSE ? TU AS BESOIN D'ASSISTANCE ?
ET AIDER CEUX QUI SONT EN DIFFICULTÉ...
J'SUIS À LA RUE DEPUIS DEUX SEMAINES... JE M'EN SORS PLUS !
BEN... HEU, DANS CE CAS, ÇA TE DIRAIT DE VENIR CHEZ MOI ? JE PEUX T'HÉBERGER !
COMME PAR EXEMPLE, LES AIDER À TROUVER UN LOGEMENT.
MÊME SI PARFOIS CERTAINS NE SOUHAITENT PAS D'ASSISTANCE.
TU ME FAIS QUOI COMME PLAN LÀ ? TU VEUX ME SERRER ?
JE SUIS JUSTE LARGUÉ CÔTÉ TAF, C'EST TOUT !
SE SYNDIQUER C'EST PARFOIS AUSSI S'OPPOSER AUX AÎNÉS QUI NE COMPRENNENT RIEN À LA JEUNESSE...
OUAIS, MAIS REGARDE MOI TOUS CES VIEUX CONS...
J'VEUX PAS FINIR COMME EUX !
TIP! TIP!
CE QUI N'EMPÊCHE PAS LES ÉTUDIANTS, DE SE RÉFÉRER PARFOIS À LEUR MONDE...
HUMMM ?... TU DISAIS ?
VOIRE DE LES ENVIER.
NON, RIEN...
LAISSE TOMBER !
PAR DÉFINITION, LES ÉLÈVES N'ÉTANT PAS DES PROFESSIONNELS, ON NE DEVRAIT PAS DIRE "SYNDICAT", MAIS PLUTÔT "ASSOCIATION D'ÉTUDIANTS" ...
MAIS BON, ASSOCIATION POUR FAIRE DES GRÈVES, ÇA CLAQUE MOINS QUE SYNDICAT, NON ?

LES ÉTUDIANTS ET LA GRÈVE
DEPUIS TOUJOURS, L'ÉTUDIANT VOUE UN VÉRITABLE CULTE À LA GRÈVE... MAIS POURQUOI, EN FAIT ?
VOYEZ PLUTÔT LE SCHÉMA D'UN ÉTUDIANT EN COUPE, LE GÈNE DE LA GRÈVE EST INSCRIT DANS SON ADN !
DÉSIR DE MANIF
ANTI SYSTÈME
REVENDICATIONS
AMOUR DU CHE
ENVIE DE LIBERTÉ
IL SE TRANSMET DE GÉNÉRATION EN GÉNÉRATION.
MOI AUSSI, À TON ÂGE, J'AIMAIS FAIRE LA GRÈVE !
JE PEUX T'ACCOMPAGNER ?
NON ! À TA RÉFORME BIDON
NON
CE GÈNE EST DIT NON PERSISTANT. IL DISPARAÎT EN PRINCIPE À LA FIN DES ÉTUDES.
IL EST INTERDIT D'INTERDIRE !
COURS, CAMARADE ! LE VIEUX MONDE EST DERRIÈRE TOI !
GNÉÉÉ !!
MAIS PAS TOUJOURS...
IL AIME ÇA, ET EST TOUJOURS EN RECHERCHE D'IDÉES NOUVELLES POUR SUBVENIR À SES BESOINS.
ALORS, SI JE VOUS AI RÉUNIS, C'EST POUR FAIRE UN GRAND GRÈVESTORMING...
IL NOUS FAUT DES IDÉES DE SLOGANS AVANT LUNDI !
ET POUR ÇA, L'ÉTUDIANT N'EST JAMAIS À COURT D'IDÉES...
NON NON NON ! À TA RÉFORME DE CON ! OUI OUI OUI ! ELLE EST TOUTE POURRIE !
7-01-15 PLUS JAMAIS
NON !
IDÉALISTE, SES RAISONS PEUVENT SORTIR QUELQUE PEU DU CONTEXTE DE SES ÉTUDES...
NON NON NON ! À LA GROSSE POLLUTION ! OUI OUI OUI ! À PLUS D'ÉCOLOGIE !
7-01-15 PLUS JAMAIS
NON !
VOIRE PARFOIS TRÈS DISCUTABLES.
MAIS, IL Y N'Y A PAS DE RÉSEAU ICI !
OUAIS, ALLEZ VAS-Y, ON VA FAIRE UNE GRÈVE !
TAP! TAP! TAP!
NON NON NON ! AUX GROS RÉSEAUX BIDON !
OUI OUI OUI ! À PLUS DE BORNES WIFI !
MAIS QU'IMPORTE LA RAISON, L'IMPORTANT N'EST-IL PAS DE FAIRE LA GRÈVE, APRÈS TOUT ?

LES VACANCES, À QUOI ÇA SERT ?
BEN, À RIEN FOUTRE, TIENS ! ... SI CERTAINS IMAGINENT QUE ÇA SERT AUSSI À RÉVISER, ILS SE METTENT LE DOIGT DANS L'OEIL !
LES VACANCES, QUAND ÇA ARRIVE...
IL EST TEMPS POUR MOI DE VOUS SOUHAITER DE BONNES VA...
YEEEEEEEEEEES !!!!...
PAS À DIRE, ÇA FAIT DU BIEN !
RETOUR À LA SAINTE GRASSE MAT'...
QUOI ?!
IL EST DÉJÀ 18H DU MATIN ?
ON MET UN PEU DE CÔTÉ LE TRAVAIL...
LE COMPTE EST BON...
CHLOÉ, TOI QUI ES MATHEUSE, TU VIENS REGARDER DES CHIFFRES ET DES LETTRES AVEC MOI ?
HAAAA !!!
PITIÉ P'PA ! CHANGE DE CHAÎNE !
POUR SE RECENTRER SUR L'ESSENTIEL...
HO ! TU TE FAIS BELLE POUR L'ARRIVÉE DE TES GRANDS-PARENTS ?
C'EST GENTIL, ÇA, MA FILLE !
PCHIIT! PCHIIT!
... LES SORTIES ENTRE POTES !
TE CASSE PAS, M'MAN... C'EST POUR SORTIR EN BOÎTE AVEC CHLOÉ ET JULIA !
SANS NÉGLIGER LES BONNES NUITS BLANCHES RÉPARATRICES...
TIENS ? SALUT, P'PA... TU PARS AU BOULOT ?
BON BAH, MOI, JE VAIS ME COUCHER !
I ♥ ME
LES VACANCES SERVENT EN PRINCIPE À SE REPOSER ... MAIS BON, ON N'A QU'UNE VIE !

COMMENT PARTIR EN VACANCES POUR PAS CHER ?
QUAND ON EST ÉTUDIANT, ON A LA CHANCE DE BÉNÉFICIER D'UN MAXIMUM DE VACANCES. MAIS VOILÀ, ON N'A PAS TOUJOURS BEAUCOUP D'ARGENT POUR VOYAGER. ALORS, VOICI QUELQUES CONSEILS PRATIQUES.
FAITES DU STOP POUR ROGNER SUR LE BUDGET TRANSPORTS...
JE VAIS PAS JUSQU'À BIARRITZ, MAIS JE PEUX VOUS AVANCER SI VOUS VOULEZ...
VU LE TEMPS POURRI, C'EST PAS DE REFUS !
QUI DIT PETIT BUDGET, DIT TOLÉRANCE SUR LE MOYEN DE TRANSPORT.
DU CAMPING SAUVAGE POUR LE BUDGET HÉBERGEMENT...
VOUS POUVEZ PLANTER LA TENTE DANS L'CHAMP...
OU SINON, Y A L'ABRI AVEC LES PORCS...
HEU... JE VAIS PRENDRE LE CHAMP ! J'AI L'IMPRESSION QUE LE PORC S'ATTACHE TRÈS VITE !
DÉCOUVREZ À PETITS PRIX LES CURIOSITÉS LOCALES...
PAR EXEMPLE, TOUS CES CHÂTEAUX QUI FONT LA RICHESSE DE NOTRE PATRIMOINE !
CLIC ! CLIC !
ALLEZ À LA RENCONTRE DES POPULATIONS LOCALES...
HEU... JE VAIS PRENDRE UN CHOCOLAT CHAUD, S'IL VOUS PLAÎT !
AVEC OU SANS CALVA ?!
ET SI, MALGRÉ CELA, VOUS N'APPRÉCIEZ PAS L'AVENTURE DES CONTRÉES LOINTAINES...
HAAAAAAA !
GROUIC ! GROUIC !
BROUAP ! BROUAP !
VOUS AVEZ LA SOLUTION DE RENTRER CHEZ PAPA ET MAMAN POUR VOUS REFAIRE UNE SANTÉ.
SALUT, P'PA ! SALUT, M'MAN !
REGARDEZ QUI VOILÀ !
OUPS ! VOUS NE M'ATTENDIEZ PAS, PEUT-ÊTRE ?
HAN ! HAN ! HAN !
?!!! HAAAA !!!
N'OUBLIEZ PAS DE LES PRÉVENIR À L'AVANCE QUE VOUS RENTREZ !

QU'EST-CE QU'UN ÉTUDIANT ÉRASMUS ?
C'EST UN ÉTUDIANT QUI PENSE QUE C'EST PLUS COOL AILLEURS POUR FAIRE SES ÉTUDES.
ERASMUS, C'EST UN PROGRAMME D'ÉCHANGE D'ÉTUDIANTS ENTRE LES GRANDES UNIVERSITÉS EUROPÉENNES.
HUM, YES ! LA SORBONNE ? VOUS ÊTES CHOUR DE M'AVOIR ENVOYÉ VOS BEST RECRUES ?
I ♥ D.GUETTA
CELA A POUR BUT D'APPORTER AUX ÉLÈVES UNE OUVERTURE SUR LE MONDE...
Y PARAÎT QU'EN ALLEMAGNE IL Y A PLEIN DE MAC DO !
COOL !
... OU L'ACCÈS À UNE LANGUE ÉTRANGÈRE.
HUMMM... SLURPS...
ICH LIEBE DICH SCHLURPS !
PRÉPAREZ BIEN VOTRE VOYAGE, NE CHOISISSEZ PAS LE PAYS AU HASARD...
HA BON ? ET POURQUOI DONC ? JE SUIS UN OUF, MOI !
UN AVENTURIER !
TIENS, CE SERA L'ISLANDE, POUR LA PEINE !
VOUS POURRIEZ AVOIR DES DÉCONVENUES.
BJOOA VELKOMINN !
IL EST MIDI, LA NUIT VA TOMBER ! VIENS DONC TE RÉCHAUFFER AUTOUR D'UN BON ALCOOL DE POMMES DE TERRE.
LE PAYS LE PLUS DEMANDÉ EST LE ROYAUME-UNI.
OUANE BIRE PLIZE !
?
?
HA HA ! JE CROIS QU'IL M'A BIEN COMPRIS, JE MAÎTRISE GRAVE !
PUIS VIENT L'ESPAGNE, RÉPUTÉE POUR SON ACCUEIL...
BIENVENIDO JULIA, MI CASA ES SU CASA !
COOL, MERCIDO !
HEU... ON EST LOIN D'IBIZA, ICI ?
MAIS N'OUBLIONS PAS QU'ERASMUS SERT SURTOUT À FAIRE DES MÉGA FIESTAS LOIN DE CHEZ SOI !
YEAH !! VIVE LES SOIRÉES ERASMOUSSE !

QU'EN EST-IL DE L'ÉTUDIANT ÉTRANGER EN FRANCE ?
N'OUBLIONS JAMAIS QUE L'ÉTUDIANT ÉTRANGER ARRIVE EN "TERRA INCOGNITA" ...
ALORS, QUI DE LUI OU DE VOUS DOIT S'ADAPTER À L'AUTRE ?
TOUT D'ABORD, IL PREND CONNAISSANCE DE NOTRE FANTASTIQUE PAYS...
EN RAISON D'UN MOUVEMENT DE GRÈVE, UN RETARD DE 3H EST À PRÉVOIR !...
PUIS IL DÉCOUVRE NOS ÉTABLISSEMENTS ACCUEILLANTS...
TA MÈRE EN SHORT !
AVEC LEURS ENSEIGNANTS QUI NE LE SONT PAS MOINS...
C'EST PAS PARCE QUE CHEZ VOUS ON A LE DROIT D'ARRIVER 3H EN RETARD...
... QU'IL FAUT FAIRE PAREIL CHEZ NOUS !!!
VIENT ENSUITE LA RENCONTRE AVEC NOS SYMPATHIQUES ÉTUDIANTS MADE IN FRANCE...
TOI POUVOIR DIRE MOI EN QUELLE PAGE ON EST ?
TU TE DÉMERDES ! T'AVAIS QU'À ÊTRE À L'HEURE !
SANS OUBLIER NOTRE FAMEUSE LIBERTÉ D'EXPRESSION...
BOUGE TON BOULE, GROS NAZE !
TU CROIS QUE JE T'AI PAS VU TÉMA MA MEUF ?!
BOLOS !
ET POUR COURONNER LE TOUT, IL PEUT GOÛTER À LA FRENCH TEUF !
ALLEEEEZ ! VAS-Y, LÂCHE-TOI UN PEU... PRENDS DE LA VODKA !
TIENS... UN P'TIT BÉDO ?
NON MERCI ! MOI PAS FUMER, ET PAS BOIRE !
HO, LE BOLOOOOS !
CERTAINES MAUVAISES LANGUES DIRONT QUE LA FRANCE EST UN PAYS D'ÉGOÏSTES VANITEUX QUI SE REGARDENT LE NOMBRIL ...
HA BON ! QUI A DIT ÇA ? ON VOUS LAISSE LIBRES DE VOUS FAIRE VOTRE PROPRE OPINION.

QU'EST-CE QU'UN EXAMEN ?
UN EXAMEN EST UN ÉNORME TEST CENSÉ ÉVALUER NOS APTITUDES.
CE CONCEPT A SANS AUCUN DOUTE ÉTÉ INVENTÉ PAR DES GENS VICIEUX QUI NOUS VEULENT DU MAL !
L'EXAMEN D'ENTRÉE AUX ÉCOLES.
C'EST PAS VRAI, ÇA ! JE SORS À PEINE DU BAC, J'AI PAS COMMENCÉ MES ÉTUDES ET FAUDRAIT DÉJÀ QUE JE PASSE DES EXAMS ?
BEN, OUI ! SINON, VOUS AVEZ AUSSI LE CHOIX DE PASSER LA PORTE !
SI VOUS EN ÊTES LÀ, MIEUX VAUT ARRÊTER LES ÉTUDES AVANT QU'ELLES NE COMMENCENT !
LE MOINS DOULOUREUX, L'EXAMEN BLANC.
BLANC, C'EST LE TERME TECHNIQUE... N'Y VOYEZ AUCUNE IDÉE DE XÉNOPHOBIE !
BLANC, ÇA VEUT DIRE QUE ÇA COMPTE POUR DU BEURRE...
NON, JE NE VOULAIS PAS DIRE LES BEURS...
HÉ HÉ !
PAS TOUT À FAIT UN EXAMEN, IL Y A LE CONTRÔLE CONTINU.
C'EST CHAUD ! ÇA VEUT DIRE QUE CÔTÉ TRICHE, VA FALLOIR ÊTRE AU TAQUET TOUTE L'ANNÉE !
LES PARTIELS.
QUI DIT PARTIEL, DIT EN PARTIE.
DONC, MOITIÉ DE COPIE !
RESTRICTION BUDGÉTAIRE OBLIGE !
LES ORAUX.
LES ZORROS, BRAVO !
ON NE NOUS L'AVAIT JAMAIS FAITE, CELLE-LÀ !
C'EST PAS DE MA FAUTE SI L'EXAMEN TOMBE LE JOUR DE MARDI GRAS !
CLAP! CLAP! CLAP!
RESTE L'EXAMEN DE FIN DE CYCLE, OÙ TOUTES VOS ÉTUDES SE JOUENT EN UNE JOURNÉE !
SI VOUS ÊTES VRAIMENT TROP STRESSÉ À L'IDÉE DE PASSER UN EXAMEN ET QUE ÇA VOUS REND MALADE ...
ALORS, ON VOUS CONSEILLE DE PASSER DÉJÀ UN EXAMEN DE SANTÉ !

À QUOI SERT UN DIPLÔME ?
TRÈS BONNE QUESTION, ON VOUS REMERCIE DE NOUS L'AVOIR POSÉE ...
EH BIEN, ON NE VA PAS SE DÉFILER, ON VA VOUS RÉPONDRE !
ALORS, LE DIPLÔME...
?!
QU'EST-CE QU'APPORTE LE DIPLÔME ?
BEN OUI, ALLEZ-Y, DITES-LE-NOUS, VOUS QUI SAVEZ TOUJOURS TOUT !
ET PUIS, ON EST LÀ POUR ÇA, NON ?
C'EST DÉJÀ LA FIERTÉ D'AVOIR RÉUSSI SES EXAMENS !
OK, ADMETTONS ! MAIS À QUOI ÇA VA NOUS SERVIR ?
J'AVOUE !
EH BIEN, À LE PRÉSENTER À VOS FUTURS EMPLOYEURS !
HA ! ET VOUS CROYEZ QU'UN DIPLÔME SUFFIT DE NOS JOURS...
HEU... PLUS VOTRE NIVEAU DE DIPLÔME SERA ÉLEVÉ, PLUS VOS CHANCES DE TROUVER UN JOB SERONT IMPORTANTES.
HA OUI, ET L'EXPÉRIENCE SOUHAITÉE, VOUS EN FAITES QUOI ?
SANS DIPLÔMES, VOS CHANCES D'OBTENIR UN EMPLOI, DONC DE L'EXPÉRIENCE SERONT LIMITÉES.
C'EST ÇA VOTRE RÉPONSE ? HA, BEN BRAVO !
CLAP! CLAP! CLAP!
BON OK, VOUS AVEZ GAGNÉ !... VOUS ALLEZ DEVOIR ENCHAÎNER LES STAGES DE LONGUE DURÉE OU LES CDI À RÉPÉTITION... ÇA VOUS VA COMME ÇA ?
NON, MAIS AU MOINS...
... C'EST RÉALISTE !
...
COMMENT QU'ON L'A BIEN NIQUÉE LA VOIX OFF DONNEUSE DE LEÇONS !
GRAVE !
BON, MAIS EN MÊME TEMPS, UN BEAU DIPLÔME ENCADRÉ, ÇA FAIT TOUJOURS DE L'EFFET !

QUE FAIRE DE SES DIPLÔMES ?
VOUS ÊTES DIPLÔMÉ ? BRAVO, DÉJÀ ÇA C'EST FAIT ! MAIS ALORS, QUE FAIRE DE CE PRÉCIEUX DOCUMENT QUI OFFICIALISE TOUT ÇA ?
DES CONFETTIS ?
YOUHOU ! HIPS ! ON EST DIPLÔMÉS ! VAS-Y FAIS PÉTER LA TEQUILA !
PEU CONSEILLÉ !
DE L'ORIGAMI, À LA LIMITE.
DIS M'MAN, T'AURAIS PAS VU MON DIPLÔME ?
DANS TOUS LES CAS, VEILLEZ À NE PAS TROP LE LAISSER TRAÎNER !
L'ENCADRER ?
LÀ, AU-DESSUS DU LIT, ÇA LE FAIT GRAVE !
DIPLOME
DING ! DONG !
HA HA ! LA VOILÀ !
S'EN SERVIR POUR DRAGUER ?
HA HA ! TU SAIS CE QU'AVAIT FAIT MON EX ?
CE GROS NAZE AVAIT ENCADRÉ SON DIPLÔME AU-DESSUS DE SON LIT !
HA OUI, QUEL GROS NAZE EFFECTIVEMENT !
DIPLOME
PROUVER À SES PARENTS QU'ON N'EST PAS DES MOINS QUE RIEN...
ALORS, QU'EST-CE QU'ON DIT MAINTENANT ?
DIPLOME BTS
VOUS VOYEZ QUE JE SUIS CAPABLE D'AVOIR UN DIPLÔME, MOI AUSSI !
VOIRE QU'ON A MIEUX RÉUSSI QU'EUX...
OUI, MAIS JUSQU'À PREUVE DU CONTRAIRE, UN BTS C'EST UN BAC+2 !
ET TON PÈRE ET MOI, ON A BAC+4 !
DIPLOME BTS
... OU PAS !
OU ENFIN, LE RANGER DANS UN TIROIR...
TU VIENS MANGER, CHLOÉ BAC+2 ?
HA HA HA ! ARRÊTE, T'ES BÊTE !
PLOME BTS
ET SE METTRE DANS L'IDÉE QU'IL VA FALLOIR CHERCHER DU TRAVAIL MAINTENANT...
EN MÊME TEMPS...
... AVOIR BAC+4 POUR FINIR FEMME AU FOYER OU AU CHÔMAGE LONGUE DURÉE...
ENFIN J'DIS ÇA, J'DIS RIEN !
SLUUURP !
... ET QUE LA DOUCE VIE ESTUDIANTINE EST DERRIÈRE VOUS !

SYMPTÔMES POST-TRAUMATIQUES
IL N'EST PAS EXCLU QU'APRÈS L'OBTENTION DE VOTRE DIPLÔME, UN PETIT "DIPLÔME BLUES" S'INSTALLE CHEZ VOUS. À QUOI EST-IL DÛ ET COMMENT LE COMBATTRE ?
VOUS AVEZ TELLEMENT DONNÉ PENDANT TOUTES CES ANNÉES...
HA HA HA ! J'EN AI FINI AVEC CES ÉTUDES ! MEEERDE, QUE C'EST BON !
YES ! YES ! YES ! ET RE-YEEES !
QU'IL EST NORMAL QUE VOS NERFS SE RELÂCHENT...
BOUHOU HOUHOU !
J'EN AI FINI AVEC LES ÉTUDES ! MEEERDE !
BOUHOU HOUHOU !
ET QU'EN PLUS, VOUS RÉALISIEZ QUE VOUS BASCULEZ DU MONDE DE LA POST-ADOLESCENCE À CELUI D'ADULTE...
JE RÊVE OU TU AS PRIS UNE RIDE ?
LÀ, SUR TON FRONT !
ET QUE VOUS RENTREZ DANS UNE NOUVELLE ÈRE, CELLE DES RESPONSABILITÉS !
MARIAGE
OUIIIN !
PAPA !
JE ME DEMANDE SI JE NE VOIS PAS UN CHEVEU BLANC AUSSI...
FACTURES
GAZ
URGENT
LOYER
POUR REMÉDIER À CELA, IL FAUT DÉJÀ ASSUMER CETTE ÉTAPE...
ATTENDS CHLOÉ, IL FAUT QU'ON PARLE !
LE MARIAGE, LES ENFANTS, LA MAISON ET LE CHIEN... JE CROIS QUE JE SUIS PRÊT !
?!
TU LULU ! LU TULULU !
... RESTER CONNECTÉ AUX POTES QUI SONT COMME VOUS...
MAIS... IL N'A JAMAIS ÉTÉ QUESTION DE...
TOC! TOC!
HA, PAUL ! SALUT ! POUR CE SOIR ? ATTENDS, FAUT QUE JE VOIE...
J'AI DES RESPONSABILITÉS MOI, MAINTENANT !
... ET CONTINUER À FAIRE DES MÉGA FIESTAS DU SIÈCLE !
BOUHOU HOU ! CHLOÉ M'A QUITTÉ ! JE NE SAIS VRAIMENT PAS POURQUOI ! BOUHOUHOU !
TIENS... PRENDS ÇA... HIPS ! ÇA VA TE REMETTRE LE CERVEAU À L'ENDROIT...
HIPS !
OUI, PARCE QUE C'EST PAS PARCE QU'ON A FINI SES ÉTUDES, QU'ON EN A FINI AVEC LA VIE ...
REGARDEZ AUTOUR DE VOUS, NOUS SOMMES SÛRS QUE VOUS AVEZ DES EXEMPLES ...
OUI, NOUS ! AUTEURS DE CE GUIDE, PAR EXEMPLE !

DERNIERS CONSEILS AUX FUTURS ÉTUDIANTS
LE RÉSUMÉ DE CE GUIDE, C'EST QUE LES ANNÉES D'ÉTUDES SERONT LES PLUS BELLES DE VOTRE VIE
...
VOICI NOS 6 CONSEILS ULTIMES POUR OPTIMISER AU MAX VOTRE CURSUS.
1 CHOISISSEZ LA FILIÈRE ADAPTÉE À VOTRE PROFIL.
MATH SUP
DIÉTÉTIQUE
SPORT-ÉTUDE
AVOCAT
MÉDECINE
LEGALIZE MMA
MÉFIEZ-VOUS DES STÉRÉOTYPES, IL N'Y A PAS DE PHYSIQUE PRÉCIS EN FONCTION DES FILIÈRES !
2 SOYEZ COOL, MAIS N'EN FAITES PAS TROP, ON EST VITE CATALOGUÉ !
ALORS MOI, TU VOIS, J'AIME PAS ME PRENDRE LA TEUTÉ, J'SUIS LE GENRE DE MEUF HYPER SWAG, CAR J'AI GRAVE PAS LE SEUM !
ÇA SENT LA RELOU, ÇA !
3 SACHEZ VOUS FAIRE BIEN VOIR DES ENSEIGNANTS. VOUS EN SORTIREZ TOUJOURS GAGNANT.
BASTIEN ! N'OUBLIEZ PAS, SOYEZ À L'HEURE POUR NOS PETITS COURS DE RATTRAPAGE, HUM ?!
HEU... OUI M'DAME !
CHTAK!
4 MANGEZ 5 FRUITS ET LÉGUMES PAR JOUR.
HEIN ? QUOI ?!
NON, ON DÉCONNE ! PIZZAS ET BURGERS À GOGO ! LES LÉGUMES, CE SERA POUR PLUS TARD.
5 TROUVEZ LE BON ÉQUILIBRE ENTRE BOULOT ET FIESTA.
6 ET ENFIN, GÉREZ VOTRE SOMMEIL AU MOMENT DES EXAMS, HISTOIRE DE NE PAS TOUT FOUTRE EN L'AIR !
AAAAAHH !!! 10H DU MAT' !
POURQUOI J'AI JOUÉ À CE CON DE JEU JUSQU'À 4H, MOI ?!
PUTAIN DE BOLOS !
VOICI LES QUELQUES CONSEILS D'ANCIENS ÉTUDIANTS AUX FUTURS ÉTUDIANTS
...
SI L'EXPÉRIENCE DES UNS PEUT SERVIR À L'AVENIR DES AUTRES, POURQUOI S'EN PRIVER !

QUELLES PERSPECTIVES POUR NOS DIPLOMÉS ?
BON, ON NE VOUS CACHE PAS QUE ÇA NE VA PAS ÊTRE DU GÂTEAU ...
MAIS SOYONS OPTIMISTES, ALORS VOICI CE QUI VOUS ATTEND SUIVANT LES CAS.
1RE OPTION
C'EST PAS GAGNÉ !
VOUS N'ÊTES PAS PRESSÉ... ET C'EST TANT MIEUX !
JE ME DONNE QUATRE OU CINQ ANS POUR VOYAGER...
... ET APRÈS, ON VOIT.
DIPLÔMÉ
VEILLEZ À TOUJOURS RESTER DANS LE COUP, QUAND MÊME !
VOUS TROUVEZ QU'UN CDI C'EST AUSSI BIEN QU'UN CDD... ET C'EST TANT MIEUX !
HA BAH OUI !
CDI, ÇA VEUT BIEN DIRE **CONTRAT À DURÉE INFINIE**...
J'AI BON ?
FROTI FROTI
LES STAGES NE VOUS FONT PAS PEUR... ET C'EST TANT MIEUX !
BONJOUR, JE VIENS POUR L'OFFRE DE STAGE !
MAIS, VOUS VOUS TROMPEZ, C'EST UNE OFFRE D'EMPLOI.
HA MINCE... JE PENSAIS QUE C'ÉTAIT UN STAGE !
2E OPTION
C'EST GAGNÉ D'AVANCE !
VOUS AVEZ CHOISI UNE FILIÈRE TELLEMENT SPÉCIALISÉE QUE VOUS TROUVEREZ DU BOULOT SANS SOUCIS.
BONJOUR, JE VIENS POUR L'ANNONCE "D'INFORMATICIEN BIOTECHNIQUE EN CROWDFUNDING ET MANAGEMENT".
C'EST BON, SIGNEZ LÀ ! DE TOUTE FAÇON, VOUS ÊTES LE SEUL POSTULANT !
OU VOUS ALLEZ EMBRASSER UNE CARRIÈRE DE FONCTIONNAIRE...
?
HEU... JUSTE LA CARRIÈRE !
VOTRE VOIE EST TOUTE TROUVÉE, VOUS REPRENEZ LA BOÎTE DE PAPA... ÇA, C'EST PAS DU JEU, MAIS TANT MIEUX POUR VOUS !
HA OUAIS TIENS, MARTIN ?! TU CHERCHES DU BOULOT...
SI JE ME SOUVIENS BIEN, C'EST PAS TOI QUI M'A MIS LA TÊTE DANS UN TONNEAU DE MERDE PENDANT LE BIZUTAGE ? HUM ?!
OUI, PAUL...
PARDON ?
OUI, MONSIEUR ...
DANS CE CAS, SACHEZ RESTER PROFESSIONNEL ET METTRE L'AFFECT DE CÔTÉ !
VOILÀ, MAINTENANT QUE VOUS SAVEZ À QUELLE SAUCE VOUS RISQUEZ D'ÊTRE MANGÉ APRÈS VOS ÉTUDES ...
NE DÉPRIMEZ PAS, CAR COMME ON N'A EU DE CESSE DE VOUS LE RÉPÉTER TOUT AU LONG DE CE GUIDE, LES ÉTUDES, C'EST AVANT TOUT UN PRÉTEXTE POUR PASSER LES PLUS BELLES ANNÉES DE SA VIE ! ...
ALORS, N'HÉSITEZ PAS À LES FAIRE DURER ET À ENCHAÎNER LES DIPLÔMES !

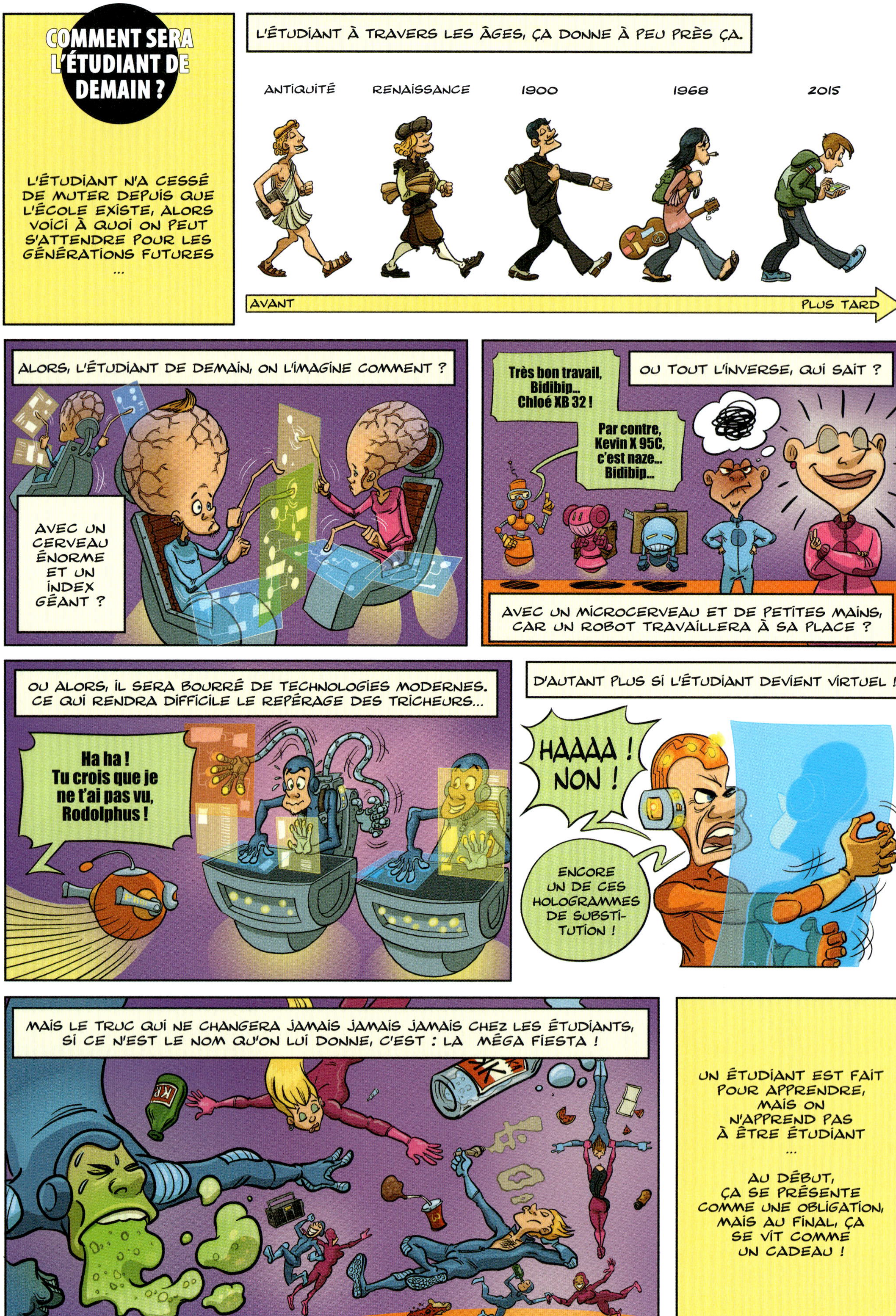

COMMENT SERA L'ÉTUDIANT DE DEMAIN ?
L'ÉTUDIANT N'A CESSÉ DE MUTER DEPUIS QUE L'ÉCOLE EXISTE, ALORS VOICI À QUOI ON PEUT S'ATTENDRE POUR LES GÉNÉRATIONS FUTURES ...
L'ÉTUDIANT À TRAVERS LES ÂGES, ÇA DONNE À PEU PRÈS ÇA.
ANTIQUITÉ
RENAISSANCE
1900
1968
2015
AVANT
PLUS TARD
ALORS, L'ÉTUDIANT DE DEMAIN, ON L'IMAGINE COMMENT ?
AVEC UN CERVEAU ÉNORME ET UN INDEX GÉANT ?
Très bon travail, Bidibip... Chloé XB 32 !
OU TOUT L'INVERSE, QUI SAIT ?
Par contre, Kevin X 95C, c'est naze... Bidibip...
AVEC UN MICROCERVEAU ET DE PETITES MAINS, CAR UN ROBOT TRAVAILLERA À SA PLACE ?
OU ALORS, IL SERA BOURRÉ DE TECHNOLOGIES MODERNES. CE QUI RENDRA DIFFICILE LE REPÉRAGE DES TRICHEURS...
Ha ha ! Tu crois que je ne t'ai pas vu, Rodolphus !
D'AUTANT PLUS SI L'ÉTUDIANT DEVIENT VIRTUEL !
HAAAA ! NON !
ENCORE UN DE CES HOLOGRAMMES DE SUBSTITUTION !
MAIS LE TRUC QUI NE CHANGERA JAMAIS JAMAIS JAMAIS CHEZ LES ÉTUDIANTS, SI CE N'EST LE NOM QU'ON LUI DONNE, C'EST : LA MÉGA FIESTA !
UN ÉTUDIANT EST FAIT POUR APPRENDRE, MAIS ON N'APPREND PAS À ÊTRE ÉTUDIANT ...
AU DÉBUT, ÇA SE PRÉSENTE COMME UNE OBLIGATION, MAIS AU FINAL, ÇA SE VIT COMME UN CADEAU !

Après *Les Guides en* **BD**

et **Les guides junior**

voici les premiers Guides au Féminin

Les femmes aussi ont droit à leurs Guides en BD !

Tome 2
Je cherche le grand amour !

Tome 3
Je suis une super maman !

Tome 1
Je veux l'homme parfait !

Tome 4
Je suis célibataire et j'aime ça !

La nouvelle série
indispensable aux filles,
qui évite les rides en détendant
les zygomatiques !

VENTS D'OUEST

Les Guides en BD

Les guides junior

Les Guides au féminin

Quizz

Quel type d'étudiant êtes-vous ?

On va supposer que si vous avez ce guide entre les mains, c'est que vous êtes étudiant, l'avez été ou allez le devenir. Alors voici le quizz qui va enfin vous permettre de savoir à quelle catégorie d'étudiant vous pensez appartenir.

1- Vous intégrez votre faculté ou votre école et c'est le premier jour. Quel comportement adoptez-vous ?

Ⓐ Sûr de vous, vous y allez confiant, persuadé que cette école n'attend que vous.
Ⓑ Vous avez hâte de commencer les cours, vous avez soif de savoir et n'en pouvez plus d'attendre.
Ⓒ Vous vous dites « Mais qu'est-ce que je fous là ? On était bien en vacances ! »

2- Il y a une grève des transports qui vous empêche de vous rendre en cours. Comment réagissez-vous ?

Ⓐ Vous attendez que l'école vous envoie un taxi, voire un hélicoptère, c'est un minimum pour un étudiant de votre rang !
Ⓑ Vous entrez en dépression, un jour d'école en moins c'est horrible.
Ⓒ De toute façon, vous ne comptiez pas y aller ce jour, donc vous vous en fichez.

3- C'est le jour du bizutage, comment abordez-vous la situation ?

Ⓐ Comme vous êtes hors du commun, personne n'osera vous toucher. Ou alors ils vous demanderont des conseils pour bizuter les autres.
Ⓑ C'est un passage obligé pour devenir étudiant. Vous vous offrez corps et âme aux bourreaux et redemandez du rabe de sévices.
Ⓒ Vous ignorez qu'il y avait eu un bizutage, pensant que c'était encore la grève des transports.

4- Six mois se sont écoulés depuis votre rentrée, quel est votre bilan sur les études ?

Ⓐ Vous trouvez que vos camarades ne vous considèrent pas à votre juste valeur. Vous allez en référer à la direction.
Ⓑ Vous trouvez que vous n'avez pas assez de travail alors vous vous renseignez sur des cours du soir en supplément.
Ⓒ Vous trouvez que c'est déjà six mois de trop. Vivement les grandes vacances !

5- Comment jugez-vous vos performances et comment vous situez-vous par rapport aux autres étudiants ?

Ⓐ Bien entendu, largement au-dessus de cette masse d'incompétents !
Ⓑ Jamais assez bon ! Même si les gens disent que vous êtes un génie, vous ne voulez pas les croire et retournez travailler.
Ⓒ Difficile pour vous de répondre, vous ne connaissez pas les autres.